A MUTAÇÃO CONSTITUCIONAL E O SUPREMO TRIBUNAL FEDERAL

Paulo Henrique Lêdo Peixoto

A MUTAÇÃO CONSTITUCIONAL E O SUPREMO TRIBUNAL FEDERAL

Interpretação e aplicação das normas constitucionais

saraiva jur

Av. Paulista, 901, Edifício CYK, 3º andar
Bela Vista – SP – CEP 01310-100

SAC sac.sets@saraivaeducacao.com.br

Diretoria executiva	Flávia Alves Bravin
Diretoria editorial	Ana Paula Santos Matos
Gerência editorial e de projetos	Fernando Penteado
Planejamento	Josiane de Araujo Rodrigues
Novos projetos	Sérgio Lopes de Carvalho Dalila Costa de Oliveira
Gerência editorial	Isabella Sánchez de Souza
Edição	Iris Lopes de Mello Dias Ferrão
Produção editorial	Daniele Debora de Souza (coord.) Daniela Nogueira Secondo
Arte e digital	Mônica Landi (coord.) Camilla Felix Cianelli Chaves Claudirene de Moura Santos Silva Deborah Mattos Guilherme H. M. Salvador Tiago Dela Rosa
Projetos e serviços editoriais	Daniela Maria Chaves Carvalho Kelli Priscila Pinto Marília Cordeiro Nicoly Wasconcelos Razuk
Diagramação	Fabricando Ideias Design Gráfico
Revisão	Célia Araujo
Capa	Tiago Dela Rosa
Produção gráfica	Marli Rampim Sergio Luiz Pereira Lopes
Impressão e acabamento	

DADOS INTERNACIONAIS DE CATALOGAÇÃO NA PUBLICAÇÃO (CIP)
VAGNER RODOLFO DA SILVA - CRB-8/9410

P379m Peixoto, Paulo Henrique Lêdo

A Mutação Constitucional e o Supremo Tribunal Federal: interpretação e aplicação das normas constitucionais / Paulo Henrique Lêdo Peixoto. - São Paulo : Saraiva Educação, 2021
144 p.

ISBN 978-65-5559-793-6 (Impresso)

1. Direito. 2. Direito constitucional. 3. STF. 4. Constituição Federal de 1988. I. Título.

2021-1930 CDD 342
CDU 342

Índice para catálogo sistemático:

1. Direito constitucional 342

Data de fechamento da edição: 18-6-2021

Dúvidas? Acesse www.editorasaraiva.com.br/direito

CL 607163 CAE 773613

"Leis há, mas não quem leis executasse"
(ALIGHIERI, Dante. Divina Comédia)

À amada Luana.

Aos meus pais Antonio Carlos e Deusa.

Ao amigo e Mestre Erival da Silva Oliveira.

Aos alunos, por todo carinho e respeito.

Agradecimentos

À professora Dra. Monica Herman Salem Caggiano, minha orientadora, por toda ajuda, sugestões, indicações, durante todo o programa de Mestrado que, certamente, foram fundamentais para o desenvolvimento da pesquisa.

Ao professor Dr. Claudio Salvador Lembo e à professora Dra. Cristina Godoy Bernardo de Oliveira pelas importantes observações, indicações de obras que contribuíram para a conclusão da pesquisa.

Por fim, agradeço a todos os amigos que me acompanham nesta jornada, em especial, aos Drs. Habacuque Wellington Sodré e Diogo Basilio Vailatti, pela disposição em debater acerca de pesquisa científica, o que elevou o nível da obra.

Apresentação

A presente obra é fruto de minha dissertação de mestrado em Direito Político e Econômico, cujo objetivo foi analisar se o Supremo Tribunal Federal, ao interpretar as normas constitucionais, aplica a mutação constitucional ou, se a pretexto de interpretar o texto constitucional, assume a postura de legislador.

Esclareça-se que a mutação constitucional consiste em fenômeno de modificação do texto constitucional, no qual o texto constitucional permanece intacto, alterando-se apenas o sentido, o significado das normas.

A obra parte de revisão bibliográfica do instituto da mutação constitucional e do estudo de casos, consubstanciados em acórdãos do Supremo Tribunal Federal que abordaram temas selecionados a partir da repercussão na sociedade brasileira, tais como: a infidelidade partidária, o reconhecimento da união estável homoafetiva, a abstrativização do controle difuso de constitucionalidade e a criminalização da homofobia e transfobia.

Destaca-se que, desde o início dos anos 2000, a Corte Constitucional brasileira assume postura mais ativista e inovadora, buscando a efetividade de direitos e preceitos assegurados no texto constitucional. A partir desta mudança de escopo, o objetivo aqui é compreender se nas decisões, ora analisadas, o Supremo realizou apenas uma atividade interpretativa do Direito ou, pelo contrário, uma atividade criadora do Direito.

Enfim, a obra lança elementos para ampliar o debate acerca do papel desempenhado pela Corte Suprema brasileira como intérprete e guardiã da Constituição Federal de 1988.

Sumário

Introdução

A presente obra busca compreender a denominada mutação constitucional nas decisões proferidas pelo Supremo Tribunal Federal, no momento de interpretação das normas constitucionais. Justifica-se a escolha do presente tema, haja vista o protagonismo assumido, nos últimos anos, pelo Supremo Tribunal Federal dentro do contexto jurídico e político brasileiro, ao prolatar decisões que influenciaram bastante as políticas públicas do Estado. Ademais, é fundamental apreender a forma como aludido órgão do Judiciário interpreta as normas constitucionais, seja como corte constitucional, seja como instância recursal.

Na primeira parte, partir-se-á de revisão da literatura jurídica, por meio de pesquisa bibliográfica da doutrina alemã e brasileira acerca do fenômeno denominado mutação constitucional, a fim de conceituá-lo, classificá-lo, bem como definir os seus limites. Ainda, será apresentada a evolução dos métodos de interpretação das normas jurídicas, sobretudo após a fundação do Estado de Direito. Finda tal análise, na segunda etapa deste livro, por meio de método indutivo, far-se-á um estudo de quatro acórdãos do Supremo Tribunal Federal, selecionados em razão da extensa divulgação e destaque nos meios de comunicação (infidelidade partidária, reconhecimento da união estável homoafetiva, abstrativização do controle difuso e a criminalização da homofobia e transfobia), nos quais se identificou a ocorrência da mutação, cujo escopo é apurar se a mutação realizada foi constitucional ou inconstitucional.

No capítulo I, serão estabelecidas as premissas teóricas do conceito, tipologia e os limites da mutação – fenômeno presente na vida constitucional de todo o Estado de Direito. O Direito foi concebido para normatizar e solucionar conflitos sociais, sendo que, em regra, as normas jurídicas são elaboradas para regulamentar os casos futuros. Contudo, com o transcorrer do tempo, a norma constitucional, originariamente, prevista para regulamentar determinado fato jurídico, não mais atende à realidade social, política ou econômica, ou seja, a norma dissocia-se do fato que a gerou. Em outras palavras, a sociedade não mais enxerga aquele fato como o via antes. Esse processo de modificação da Constituição, cujo propósito é adequá-la à realidade, para fins do presente trabalho, denomina-se mutação constitucional.

Aludida modificação do texto constitucional pode ocorrer pela via formal, mediante a aprovação de uma emenda constitucional, isto é, por meio de um procedimento complexo e específico, previsto no texto constitucional, fruto da vontade política do legislador, na condição de representante do povo. Paralelamente, admite-se, também, a mutação pela via informal, consistente na alteração silenciosa da Constituição, isto é, sem que haja qualquer alteração física do texto. Essa modificação informal, na verdade, afeta apenas a alteração do sentido da norma extraída do texto, o que ocorre no momento da interpretação ou em razão da consideração de costumes ou práticas reconhecidas e reiteradas por aquela sociedade. Assim, demonstrar-se-á que, apesar da conceituação ampla, a doutrina majoritária utiliza a expressão mutação constitucional como sinônimo de processo informal de alteração da Constituição, concebido como um poder difuso de alteração.

Na sequência, passa-se às espécies de mutação. Inicialmente, pode-se catalogá-la em mutação inconstitucional, quando o sentido revelado do texto destoa, totalmente, da Constituição, sendo inaceitável e, por corolário, deve ser excluída. Em contrapartida, há a mutação constitucional, na qual a alteração do sentido está em consonância, ou se amolda ao ordenamento vigente. A segunda espécie pode ser subdividida em: (i) mutação constitucional por interpretação, que fica a cargo dos poderes instituídos (Legislativo, Executivo e Judiciário), ou da doutrina, do próprio povo, ou mesmo do órgão que a criou (autêntica) ou, ainda, (ii) mutação constitucional por costume ou prática constitucional, decorrente de práticas sociais reiteradas que são incorporadas de forma lenta e gradual.

Ao final do primeiro capítulo será abordada relevante discussão atinente aos limites da mutação constitucional. Quais seriam tais limites? O que a doutrina e o próprio texto constitucional dizem a respeito? Para tanto, com base na perspectiva da doutrina pesquisada e na interpretação das próprias normas constitucionais serão apontados os possíveis limites à mudança informal da Constituição.

O capítulo II traz um incurso histórico, cujo objetivo é captar a forma de interpretação das normas jurídicas. Partir-se-á da fundação do Estado liberal, cujos marcos históricos são a revolução americana (1776) e a francesa (1789). Neste ponto, será demonstrado que o Poder Judiciário, inicialmente, ficou restrito a mero reprodutor da vontade do Legislativo – época em que se consagrou a expressão "juiz boca da lei", ou seja, a função judicial era, precipuamente, de aplicação literal da lei oriunda do Parlamento, como assim pregava a Escola francesa da Exegese, durante o século XIX.

A influência do Iluminismo e do pensamento jusnaturalista racional levaram aos movimentos liberais que visaram à derrubada da monarquia absolutista, para o estabelecimento do Estado de Direito ("Rule of Law"), sendo o povo/nação o verdadeiro detentor do poder político, exercendo-o por meio de seus representantes no Parlamento. Os ideais iluministas de valorização da razão humana alteraram o eixo do pensamento político, social, econômico e jurídico, até então vigentes, refutando as bases do poder divino, substituindo-as por uma nova ordem baseada na figura do homem (indivíduo) definidor de seu próprio destino e valores. Por tal razão, a lei, oriunda do Parlamento (primazia parlamentar), era a expressão máxima de valores do homem, dando-se pouco relevo ao Judiciário que representava um corpo técnico responsável por atender a vontade da lei.

Ocorre que, no início do século XIX, em virtude do progresso da sociedade, percebeu-se que a interpretação literal e gramatical da lei não era suficiente para a solução de novos fatos decorrentes do processo de urbanização, das novas tecnologias advindas da Revolução Industrial, o que conduziu os intérpretes a formular novas técnicas de interpretação dos textos jurídicos. Na França, Inglaterra e Alemanha, juristas fundaram escolas de pensamento avessas ao formalismo que, conquanto ainda tivessem por base a lei, defendiam o emprego de análise de elementos históricos, culturais e da própria finalidade da norma jurídica. Neste sentido, destacaram-se a Escola Histórica, tendo como expoentes Gustav Hugo e Savigny, e a Escola Teleológica, de Ihering.

No entanto, as frequentes transformações sociais, ocorridas na mudança do século XIX para o século XX, trouxeram novas perspectivas, o que levou parcela de juristas a propor o emprego de interpretações ainda mais amplas, pois a lei seria bastante limitada e não atingiria todos os campos de atuação do Direito. Abriu-se o caminho para que os intérpretes pudessem solucionar os conflitos mediante uma função criativa, ou seja, ao aplicar o direito, estariam criando-o e não, simplesmente, reproduzindo a intenção do legislador. Nesse momento, o Parlamento e lei perdem a supremacia, deslocando-se o foco da interpretação jurídica para a atuação do Poder Judiciário. Com este intuito, foram criadas as escolas da Livre Pesquisa Científica, do Direito Livre, da Escola Sociológica Americana, da Escola da Jurisprudência de Interesses e da Escola Realista Americana.

Não se pode olvidar, ainda, que os acontecimentos históricos e econômicos da transição para o século XX, sobretudo após a Primeira Guerra Mundial, implicaram na maior preocupação por parte do Estado com os grupos vulneráveis da sociedade, ou seja, os trabalhadores, idosos, mulheres e crianças. Esse novo enfoque afasta a visão, eminentemente, privatista[1], até então prevalente, abrindo espaço para a visão publicista com maior preponderância às normas de direito público e maior regulamentação por parte do Estado em temas sociais. Ademais, nesse período, são fundadas as bases do positivismo jurídico, linha de pensamento jurídico que pretendeu estudar a Ciência do Direito como uma ciência da natureza, mediante prescrições objetivas, tendo como objeto de estudo a norma jurídica.

Registra-se que essas mudanças de paradigmas ampliaram a importância e o significado da própria Constituição que, até então, era vista como norma organizadora e limitadora do poder do Estado, mas desprovida de força e de supremacia em relação às leis. O texto constitucional torna-se a norma-base de todo o ordenamento jurídico, de modo que toda a legislação infraconstitucional encontra a sua validade na Constituição. Nesse contexto, acompanhando os movimentos e escolas de interpretação, o Poder Judiciário deixa de ser simples aplicador da lei, galgando um novo patamar, ou seja, torna-se o órgão responsável pela análise da compatibilidade dos atos normativos criados pelo Poder Público com a Constituição. Tal competência deve-se muito ao destaque dado à teoria do controle difuso de constitucionalidade, sobretudo após o insigne caso "Marbury vs. Madison"(1803)[2], julgado pela Suprema Corte dos Estados Unidos, consoante o voto do *Chief Justice* John Marshall[3].

---

1 Visão do Direito a partir do ponto de vista das relações privadas. Na França do século XIX, as relações jurídicas estavam pautadas nas regras do Código Civil Napoleônico de típico viés privatista e liberal.

2 Na eleição presidencial de 1800, Thomas Jefferson sagrou-se vencedor sobre o então Presidente John Adams. Após a derrota e antes de encerrar o mandato, Adams nomeou aliados para cargos de juízes federais e juízes de paz. As indicações foram aprovadas pelo Senado e Adams assinou os termos de investidura. Todavia, em razão da troca de governo, alguns indicados não receberam o diploma. Ao assumir a presidência Thomas Jefferson e o novo Secretário de Estado, James Madison não entregaram os diplomas, impedindo que os nomeados pudessem assumir os cargos. Um deles foi Willian Marbury, indicado ao cargo de juiz de paz. Diante do impasse, Marbury acionou diretamente a Suprema Corte para que a questão fosse resolvida. A Suprema Corte, ao final, entendeu que, embora Marbury tivesse o direito de receber o diploma, declarou que não era órgão competente para julgar a demanda, eis que a Constituição não lhe dava tal competência. De todo modo, a importância do julgado está na premissa do *judicial review,* no sentido de que o Judiciário tem o poder de guardar a Constituição e reconhecer a incompatibilidade de qualquer ato normativo que contrariasse a norma hierarquicamente superior (Constituição).

3 Destaca-se que antes do famoso caso, a Suprema Corte da Virgínia (Ware v. Hylton – 1796),

A valorização da Constituição, a proteção dos grupos vulneráveis e, ainda, a necessidade de intervenção na Economia para evitar colapsos financeiros e sociais que poderiam levar o ente estatal à falência, foram cruciais para a criação do Estado de Bem-Estar Social, cujo objetivo não é outro senão garantir os direitos sociais e promover a igualdade material no seio da sociedade, mediante maior intervencionismo por meio de políticas públicas. Essa nova configuração de Estado, que exige atenção aos vulneráveis, foi bem recepcionada pelos membros do Judiciário, que, por meio de decisões judiciais, passaram a intervir nas próprias políticas públicas de atribuição do Poder Público, a fim de concretizar os direitos resguardados constitucionalmente. Todavia, a partir da década de 70 do século XX, verificou-se que o Estado Social, assoberbado de tantas funções e compromissos sociais, não possuía mais recursos financeiros suficientes para sua própria manutenção, indo à bancarrota. Diante disso, um novo modelo estatal mais enxuto e que busca a eficiência – Estado neoliberal – tomou seu espaço.

Ainda, oportuno mencionar que a valorização dos aspectos sociais aliada à preocupação da comunidade internacional em evitar novos conflitos, especialmente, após a Segunda Guerra Mundial (1939-1945), permitiu repensar os modelos da Ciência do Direito. O juspositivismo enfrentou severas críticas, devido ao fato dos teóricos preocuparem-se mais com critérios formais, científicos em detrimento da realidade e das necessidades sociais, o que originou uma nova linha filosófica alcunhada de neopositivismo, base para o surgimento do neoconstitucionalismo.

De acordo com os neoconstitucionalistas, o Direito não pode ser uma ciência hermética de aspecto estritamente formal. Preleciona-se que cabe ao jurista interpretar as normas considerando aspectos éticos e morais também, ou seja, aplicando maior ponderação do que a simples subsunção na solução de casos. Em síntese, há maior aproximação entre o Direito, a Ética e a Moral.

Na ótica neoconstitucionalista, o intérprete deve reajustar e buscar a implantação dos direitos e garantias fundamentais à luz dos princípios constitucionais e da força normativa da Constituição. Busca-se a unidade constitucional e a ideia de que todo o ordenamento deve estar em harmonia com o texto constitucional (regras e princípios), em especial, de acordo com a dignidade da pessoa humana (mínimo existencial).

---

bem como outras Cortes Estaduais já haviam declarado uma lei estadual incompatível com a Constituição do Estado. No caso Marbury vs Madison, Marshall compilou teoria e os precedentes e declarou a inconstitucionalidade de lei ante a Constituição Federal.

Oportuno mencionar, também, que um dos efeitos da valorização da Constituição foi a expansão da jurisdição constitucional, sendo que as cortes constitucionais passaram dar a última palavra em temas afetos à Constituição e, concomitantemente, observou-se a utilização de métodos interpretativos modernos tais como a ponderação e regra da proporcionalidade. Tais mudanças tornaram o Judiciário um órgão mais participativo do ponto de vista político, eis que as decisões jurídicas passaram a influir na elaboração das políticas públicas, diante das inúmeras discussões levadas ao âmbito judicial (judicialização da política), tais como saúde, educação. De outro modo, questões eminentemente políticas que antes ficavam apenas a cargo do Legislativo e Executivo, passaram a ser analisadas pelos magistrados à luz da Constituição e de seus princípios, fato que levou, conforme muitos críticos, ao ativismo judicial, isto é, a atuação dos magistrados que ultrapassa a linha da função jurisdicional, adentrando na função legislativa e administrativa, típicas dos outros poderes.

Por último, no capítulo III, far-se-á um recorte específico sobre a atuação do Supremo Tribunal Federal em relação à ocorrência da mutação constitucional. Inicia-se com um breve histórico da criação do Supremo Tribunal Federal brasileiro, destacando-se sua atuação no controle de constitucionalidade. Ao final, será feito o estudo de acórdãos, representativos de decisões icônicas e de grande repercussão na sociedade e no meio jurídico, tais como: a infidelidade partidária, união estável homoafetiva, abstrativização do controle difuso e a criminalização da homofobia e transfobia, a fim de apurar se a mutação realizada foi constitucional ou inconstitucional.

Enfim, restarão consignadas as implicações desta pesquisa, cujo recorte epistemológico foi entender e compreender como os ministros do Supremo Tribunal Federal interpretaram as normas constitucionais, na formação de seu convencimento, considerando-se os votos mais significativos de cada caso, sendo certo que são temas sensíveis à sociedade brasileira que, por sua complexidade, admitem posicionamentos favoráveis e contrários, igualmente sustentáveis, mas que, de modo algum, subtraem a sua importância.

Capítulo I

A Mutação Constitucional

Neste capítulo, teceremos considerações teóricas acerca da mutação constitucional, sobretudo a respeito de sua origem e definição, avançando para as suas modalidades, bem como os limites à sua realização.

1.1 ORIGEM E DEFINIÇÃO

O século XVIII apresentou-nos as origens do denominado "Constitucionalismo Moderno", fenômeno marcado pela existência de um texto constitucional escrito, prevendo a separação dos poderes, bem como um rol de direitos e garantias fundamentais.

As revoluções americana (1776) e francesa (1789) foram fundamentais para a mudança de paradigmas na sociedade ocidental, sobretudo em relação ao Poder estatal. Deslocou-se o eixo do poder absoluto do monarca para a tripartição de poderes (Legislativo, Executivo e Judiciário), sendo que as constituições, de origem liberal, limitavam o Poder, ou seja, atuavam como **técnica de proteção das liberdades**. Oportuno mencionar também que no célebre **artigo 16 da Declaração de Direitos do Homem e do Cidadão,** fruto da Revolução Francesa, consignou-se a seguinte disposição: "a sociedade em que não esteja assegurada a garantia dos direitos nem estabelecida a separação dos poderes não tem Constituição[1]".

Nesse sentido, sob a ótica liberal, uma vez definida a Lei Fundamental (Constituição), as bases políticas e jurídicas do Estado estão também assentadas. Importante destacar que essa manifestação que resultou no surgimento

---

1 Bobbio afirma que a disposição do artigo 16 é teórica e historicamente insensata ao confundir Constituição com uma Constituição considerada boa em determinado contexto histórico (cf. BOBBIO, Norberto. **A Era dos Direitos.** Tradução de Carlos Nelson Coutinho. Nova edição. Rio de Janeiro; Elsevier. 2004. p.113).

de uma Constituição foi denominada de Poder Constituinte Originário que, segundo Paulo Bonavides[2], pode ser definido como o:

> [...] poder de natureza política e filosófica, vinculado ao conceito de legitimidade imperante numa determinada época. Como tal, é sempre poder primário, de ocorrência excepcional, exercitando-se para criar a primeira Constituição do Estado ou as Constituições que posteriormente se fizerem mister.

Importante destacar que as formulações iniciais a respeito do Poder Constituinte são atribuídas a Emmanuel Joseph Sieyès, que em sua pequena obra "O que é o Terceiro Estado?"[3], escrita em 1789, propôs verdadeira reconfiguração da política francesa, no sentido de retirar o controle político das mãos do clero e da nobreza e passá-lo ao Terceiro Estado (restante da população), atribuindo à **nação** o poder político, de modo que deveria ser instalada uma Assembleia Nacional Constituinte que tivesse a incumbência de elaborar um texto constitucional.

A ideia central de Sieyès era exatamente a soberania nacional, considerando todo o legado histórico e os valores da nação na legitimidade do Poder, diferentemente, do conceito de soberania popular de Rousseau, segundo o qual, é o povo o detentor do controle da estrutura e organização do Estado, dentro da ideia de contrato social. Nesta lógica, o povo escolherá seus representantes que governaram em nome dele, conforme excerto abaixo:

> Em toda nação livre e toda nação deve ser livre – só há uma forma de acaba com as diferenças, que se produzem como respeito à Constituição. Não é aos notáveis que se deve recorrer, é a própria nação. Se precisamos de Constituição, devemos fazê-la. Só a nação tem o direito de fazê-la.[4]

Ademais, o Poder Constituinte Originário sendo um poder criador é dotado das seguintes características: *inicial, ilimitado e incondicionado e permanente.* Inicial, pois está na origem do ordenamento. Ilimitado, porquanto não

---

2 BONAVIDES, Paulo. **Teoria Geral do Estado**. 9ª edição. São Paulo: Malheiros, 2012. p. 343.

3 SIEYÈS, Emmanuel Joseph. **A Constituinte Burguesa: O que é o Terceiro Estado?** Tradução Norma Azeredo. 3ª edição. Rio de Janeiro: Lumen Iuris, 1997.

4 Ibidem. p. 91.

observa qualquer limite; pode decidir como bem quiser – é um poder de fato (pré-jurídico). É incondicionado, eis que não está condicionado a normas jurídicas anteriores. Por fim, é permanente, pois mesmo após sua manifestação, permanece latente até que surja uma nova Constituição.

Não obstante as Constituições sejam feitas para perdurarem no tempo, a sociedade, inevitavelmente, muda; novos padrões culturais surgem (ex.: divórcio, autonomia das mulheres, relações homoafetivas), especialmente, a partir do Estado de Bem-Estar Social); as inovações tecnológicas (máquina a vapor, energia elétrica, telefone, automóvel, avião, internet, clonagem, celulares) criam novas relações sociais, de modo que o texto constitucional também precisa ser modificado. Sob tal aspecto, Bobbio aduz que

> [...] O campo dos direitos sociais, finalmente, está em contínuo movimento: assim como as demandas de proteção social nasceram com a revolução industrial, é provável que o rápido desenvolvimento técnico e econômico traga consigo novas demandas, que hoje não somos capazes nem de prever[5].

Nesse sentido, a fim de evitar o engessamento da Constituição, o Poder Constituinte Originário trouxe mecanismos de alteração da lei fundamental, concebendo-se, então, o Poder Constituinte Derivado[6], cuja função é modificar, complementar, revisar o texto constitucional original. Aludido Poder, fruto do poder originário, tem como características ser: *secundário, condicionado, limitado, dependente*, ou seja, está jungido às regras pré-estabelecidas pelo seu criador.

Cabe aqui salientar que, sob o prisma moderno, as modificações realizadas pelo Poder Constituinte Derivado[7] podem ocorrer mediante um pro-

---

5 BOBBIO, Norberto. **A Era dos Direitos**. Tradução de Carlos Nelson Coutinho. Nova edição. Rio de Janeiro; Elsevier. 2004. p. 33.

6 Na lógica do positivismo de Herbert L. A. Hart, a mudança é típica do Direito moderno que se expressa pelas regras de alteração ou de câmbio. Segundo ele: "o remédio para a qualidade estática do regime de regras primárias consistente na introdução do que chamaremos de 'regras de alteração'. A forma mais simples de tal regra é a que confere poder a regras primárias para a conduta da vida do grupo, ou de certa classe dentro dele, e para eliminar as regras antigas" (Cf. HART. Herbert L. A., **O Conceito de Direito**. Tradução de A. Ribeiro Mendes. Lisboa: Fundação Calouste, 2007. p.105).

7 FERREIRA FILHO, Manoel Gonçalves. **Princípios Fundamentais do Direito Constitucional.** 2ª edição. São Paulo: Saraiva, 2010. p.107/121.

cesso solene e complexo – **Constitui**ção rígida; ou por um processo mais simples semelhante ao da legislação ordinária – **Constituição flexível.** Independentemente, seja por um processo mais complexo, seja por um mais simples, o objetivo de uma Constituição, aos moldes liberais, é garantir a estabilidade e segurança jurídicas ao Estado.

Manoel Gonçalves reforça que "uma Constituição deve ser estável para que ela seja realmente a suprema lei, mas uma Constituição deve ser adaptável a novas condições, a novos momentos e novas exigências"[8]. Com razão o citado autor, pois mais estável será aquele texto constitucional que mais se aproxima do que almeja o titular do poder, ou seja, o povo. Já, segundo José Carlos Francisco, "(...) os textos constitucionais têm natural vocação à continuidade, à duração por tempo indeterminado"[9]. Vale complementar que essa vocação é plausível desde que o texto constitucional seja mais genérico e amplo, a fim de se adequar ao futuro. Caso contrário, um texto mais concreto que reflita apenas um dado momento, certamente, sofrerá modificações conforme os novos conclamos populares.

E exatamente diante da situação de alteração/adaptação do texto constitucional ao presente que se chega ao fenômeno da mutação constitucional. O vocábulo mutação, nos termos do dicionário eletrônico Houaiss, é "*s.f. 1 ato ou efeito de mudar(-se); alteração, modificação, transformação*. Ora, se mutação denota mudança, transformação, por óbvio, que o termo mutação constitucional implica na mudança da Constituição de um Estado.

O escopo principal para toda e qualquer mudança constitucional não é outro senão a adequação do texto à realidade fática, impedindo a existência de um hiato, isto é, uma discrepância tal qual o texto já não seja mais reflexo dos valores, dos ideais daquela sociedade.

Para que possamos compreender melhor o fenômeno da mutação em si, retomemos àqueles que iniciaram sua constatação. Suas bases teóricas foram fixadas pela doutrina alemã, no final do século XIX e início do século XX, consoante os estudos de **Paul Laband**, **Georg Jellinek, Rudolf Smend, Hsü Dau-Lin e Konrad Hesse** entre outros.

Paul Laband, polonês e professor universitário na Alemanha, foi um dos primeiros estudiosos a se dedicar ao estudo da mutação, afirmando que

---

8 FERREIRA FILHO, Manoel Gonçalves. Revisão Constitucional. *In*: **Revista do Instituto dos Advogados de Pernambuco**, 1994. p. 4.

9 FRANCISCO, José Carlos. **Emendas Constitucionais e Limites flexíveis**. Rio de Janeiro: Forense, 2003. p. 18.

tal fenômeno em textos constitucionais omissos no que tange às instituições centrais do Estado – divisão do poder, direitos fundamentais. Teve seu mérito ao distinguir, por volta de 1895, a reforma constitucional da mutação constitucional. Segundo ele, a reforma (*verfassunganderung*) corresponde ao processo formal de alteração, previsto no próprio texto Constitucional, conforme apresenta Ana Victoria SánchezUrrutia[10]. Em contrapartida, a mutação constitucional (*verfassungswandlung*), é processo informal, alterando-se a Constituição sem que o texto tenha sido modificado, ou seja, altera-se apenas a interpretação do texto.

O enfoque dado por Laband foi estritamente formalista (procedimental), isto é, demonstrou que a Constituição poderia ser alterada seguindo seus próprios procedimentos ou não, mas que ambos seriam admitidos. Segundo o autor polonês, mutação deve ser compreendida como a exteriorização da forma como o Direito se ajusta à realidade social. Nesse sentido, identificou três espécies de mutação, a saber: *a) por meio de leis que regulamentem elementos centrais do Estado não previstos ou previstos de forma indireta na Constituição; b) por meio de leis que modifiquem elementos centrais do Estado, contrariando o conteúdo da Constituição e; c) por meio de usos e costumes dos poderes públicos que impliquem na alteração dos elementos centrais do Estado*[11].

De acordo com a classificação supracitada, observa-se que Laband admite, inclusive, que leis ordinárias poderiam modificar o próprio texto constitucional, pois o autor aduz que, embora a Constituição tivesse força normativa não seria hierarquicamente superior, o que não se coaduna com a perspectiva moderna de supremacia da Constituição. Por fim, Laband também compreendia que a mutação poderia contrariar o texto constitucional. Em suma, sob a ótica do autor polônes, a mutação era o elemento de conexão entre o ser com o dever-ser.

Na mesma linha procedimental, **Georg Jellinek**, filósofo do direito e juiz alemão e professor na Universidade de Basiléia e na Universidade de Heidelberg, por sua vez, a partir da distinção já apresentada por Laband, acrescentou ser a **vontade/intenção dos legitimados (finalidade)**[12] o

10 URRUTIA, Ana Victoria Sánchez. **Mutación constitucional y fuerza normativa de la Constituición: una aproximación al origem del concepto**. Revista Española de Derecho Constitucional, ano 20, n. 58, Enero-abril, 2000. p. 108.

11 URRUTIA, Ana Victoria Sánchez. Op. cit., p. 108.

12 JELLINEK, Georg. **Verfassungsanderung und Verfassungswandlung (1906)**. Tradu-

fator de distinção entre a reforma constitucional e a mutação constitucional. Vejamos o trecho a seguir de Jellinek:

> Por reforma de la Constitución entiendo la modificación de los textos constitucionales producida por acciones voluntarias e intencionadas. Y por mutación de la Constitución entiendo la modificación que deja indemne su texto sin cambiarlo formalmente que se produce por hechos que no tienen que ir acompañados por la intención, o conciencia, de tal mutación [...][13]

Segundo ele, a reforma constitucional é a alteração de normas constitucionais decorrente da vontade do legislador, enquanto a mutação constitucional é uma alteração de normas constitucionais não intencional, sem a percepção imediata dos agentes, de sorte que apenas com o transcorrer dos anos e a comparação das normas, a modificação na interpretação dada à norma constitucional será notada. Tratar-se-ia de uma tentativa de adaptação da interpretação ao real (ser ao dever-ser).

Insta salientar que Jellinek, conquanto reconheça a existência das modificações constitucionais, sendo elas formas de adequar o direito (normas) e a sociedade (adequação social), pondera que toda modificação constitucional deve-se manter fiel ao sistema constitucional, garantindo a estrutura do próprio Estado e a efetividade da Constituição. De outra banda, Jellinek visa impedir a ruptura social, vejamos:

> [...] Por encima del legislador se eleva aún poder superior de las leyes fundamentales, que son los pilares firmes em que se basa toda la estructura del Estado. Estas leyes fundamentales, inconmovibles, difíciles de cambiar, deben dirigir la vida del Estado merced a sua poder irresistible. No pueden alterase por los poderes estabelecidos, solo pueden modificarse según sus proprias normas que son difícilmente actuables, deben dirigir, estas leyes fundamentales, la vida estatal em virtud de su fuerza irressistible hasta tiempos lejanos[14].

ção de Christian Foster: Reforma y Mutación de la Constitución, Centro de Estudios Constitucionales, Madrid, 1991.

13 JELLINEK, Georg. Op. cit., p. 07.

14 JELLINEK, Georg. Op. cit., p. 05.

Ademais, Jellinek, a respeito da mutação (informal), aduz que pode ocorrer mediante a prática de atos parlamentares, administrativos e judiciários; por necessidade política; como resultado de práticas convencionais e, também, do desuso das faculdades estatais[15]. Na forma como proposto, Jellinek buscou assegurar a efetividade da Constituição, mantendo-se as instituições e propondo que certos mecanismos como a própria mutação tenha o condão de afastar as imperfeições que impeçam o Estado de funcionar.

Destaca-se que ambos os teóricos, Laband e Jellinek, conceberam suas teorias com base na experiência vivida na Alemanha do II Reich[16], sob a égide da Constituição Imperial alemã (1871), momento que inúmeras transformações legislativas eram realizadas sem a devida alteração formal do texto constitucional. Neste diapasão, abordaram o tema sob a perspectiva formalista/procedimental ou também denominada estática, atestando que há maneiras institucionais ou não de se alterar a Constituição. Entretanto, o objetivo maior é o de manter a integridade do Estado e do ordenamento jurídico. Logo, a mutação representa a interação e atuação das forças políticas e sociais no sistema constitucional, consoante as lições de Lassale[17].

De outra vertente, já no século XX, sobretudo no período entre guerras, a doutrina alemã passou a enxergar o fenômeno da mutação constitucional por um viés dinâmico, ou seja, compreendendo que a Constituição não pode ser um simples conjunto de normas estáticas, mas deve acompanhar a evolução da sociedade. De outro modo, entendeu-se ser necessária a interação do ser como dever-ser. Nessa linha, encontramos a doutrina de Smend, Däu-Lin e Hesse.

Já no início do século XX, **Carl Friedrich Rudolf Smend**, jurista alemão e professor universitário, tece crítica à análise formalista apresentada por Laband e Jellinek, expondo que a Constituição é um "organismo vivo", no qual há constante tensão entre o ser e o dever-ser que deve ser contido pela Constituição – **conceito dinâmico de Constituição**[18]. Nessa lógica, Smend concebe uma **teoria da integração**, afirmando que os fatos (e as normas) não devem ser considerados isoladamente, mas sim como partes de

---

15 JELLINEK, Georg. Op. cit., p. 09/11.

16 Nomenclatura que corresponde ao Império Alemão existente entre 1871 e 1918.

17 LASSALE, Ferdinand. **O que é uma Constituição?** 1ª edição. 3ª tiragem. CL EDIJUR: Leme/SP. 2016.

18 SMEND, Rudolf.**Costituzione e Diritto Costituzionale**. Milão: Giuffrè Editora. 1988.

um todo unitário, isto é, o conjunto de normas forma o próprio Estado. Acerca desta teoria de Smend, Sanchez Urrutia aduz:

> En la Teoría Constitucional smendiana el Estado es integración. La Constitución es el ordenamiento jurídico de la integración. La norma constitucional no lo pretende abarcar todo, pero es un elemento controlador de las fuerzas sociales que están en constante cambio. Por tanto, a diferencia de la interpretación jurídica ordinaria, la interpretación constitucional debe ser flexible – permisiva – debido a la naturaleza expansiva y elástica de las normas constitucionales. Smend considera que la Constitución misma contiene los elementos para su propia transformación por vía de la mutación constitucional[19].

Do trecho acima, extrai-se que para Smend, a norma constitucional não consegue abordar todas as situações da sociedade. Por tal razão, tais normas são, por natureza, flexíveis, elásticas, de modo que a interpretação delas deve ser feita de forma global (sistemática), isto é, considerando todo o Estado. A função primordial do texto constitucional é **integração com a sociedade.** No trecho abaixo, Smend expõe sua teoria:

> Este gran dinamismo de la vida política no puede ser aprehendido y normado plenamente por unos cuantos artículos recogidos en la Constitución, las más de las veces de corte esquemático, y que, en ocasiones, son el producto de una recepción jurídica de tercera o cuarta mano; en todo caso, los artículos de la Constitución inspiran la dinámica política, que, por lo que se refiere a su capacidad integradora, puede resultar estimulada; bien entendido que la finalidad integradora se realiza fuera de los canales institucionales. En estos casos la función integradora, característica tanto de la naturaleza esencialmente valorativa del espíritu como de las propias normas constitucionales, se realiza, a pesar de estas aparentes divergencias, de un modo más pleno, amén de ser así más fiel el genuino sentido de la Constitución, que a través de una regulación exhaustiva y pegada al texto constitucional, pero que a la postre no es sino muestra de uma escasa vida constitucional[20].

---

19 URRUTIA, Ana Victoria Sánchez. Op. cit., p. 123.

20 SMEND, Rudolf. Op. cit., p. 133.

Ademais, Smend, ao enfrentar a questão da mutação constitucional, assevera se tratar de mecanismo que permite a harmonização das forças sociais com as próprias normas constitucionais, ou seja, é a mutação constitucional que torna viável a correlação entre a sociedade e o Direito. Enfim, a grande contribuição de Smend foi transformar o conceito introduzido por Laband e Jellinek em elemento da Teoria da Constituição. A partir de tal ponto, detectou a tensão existente entre o ser e o dever-ser, o que torna a Constituição viva, sendo que a mutação é forma de garantir a viabilidade do sistema, na medida em que o texto reflete a realidade social.

Já no início dos anos 30 do século XX, na Alemanha da República de Weimar, **Hsü Dau-Lin**, jurista chinês formado na Alemanha, discípulo de Rudolf Smend, enorme contribuição trouxe ao Direito, ao sistematizar os estudos anteriores a respeito da mutação constitucional. Ao contrário de seus antecessores, Dau-Lin enuncia que não são os fatores externos (forças de poder) que geram a alteração da Constituição, mas sim que uma força endógena – **força vital** – na própria Constituição que ele afirma ser a Política.

Ora, aludido teórico compreende que sendo parte da Constituição, a política é elemento que a complementa e a liga com a realidade, mormente, pelo fato de que as normas constitucionais são genéricas, elásticas. Nesse sentido, Dau-Lin não vê a mutação como um simples fato, como os formalistas, aduzindo que se trata de verdadeiro **elemento jurídico,** operando seus efeitos na integração entre o texto normativo e os seus novos significados definidos politicamente.

O autor aponta ainda que a mutação ocorre em países que possuem uma constituição formal rígida. O teórico chega a tal resultado, a partir da análise das relações existentes entre a realidade (ser) e a norma constitucional (dever-ser), a saber: *(i) convergência da norma com a realidade, razão pela qual a sociedade seguirá a norma ou o texto será formalmente alterado e se adequará e; (ii) divergência entre a norma e a realidade.*

Com base nas relações, Dau-Lin pondera que a mutação constitucional surge diante da incongruência entre o texto e a realidade mediante: *a) uma pratica estatal formal não violadora da Constituição; b) por impossibilidade de exercício de determinada atribuição descrita na Constituição; c) por meio de uma prática que contraria a Constituição; e d) por meio da interpretação da Constituição.*

O autor afirma, ainda, que a mutação não significa uma crise do sistema constitucional, mas é o **próprio Direito**, que se reinventa como forma de manutenção do Estado, eis que incapaz de prever todas as situações jurídicas existentes. O jurista chinês expõe que o fundamento jurídico da mutação é o que denomina de "singularidade valorativa do direito constitucional", ou seja, as necessidades políticas do Estado, senão vejamos:

> [...] la mutación constitucional no es ni quebrantamiento de la constitución (Verfassungsbruch) ni simple regla convencional sino que es derecho. Es derecho aunque no concuerde con el tenor literal de la ley, es derecho aunque no pueda ser captada ni conceptuada con los conceptos y construcciones jurídicas formales: su fundamento jurídico reside en la singularidad valorativa del derecho constitucional, en la llamada necesidad política, en las exigencias y manifestaciones de vitalidad del Estado que se realiza y se desarrolla a si mismo[21].

Enfim, Dau-Lin compreende a mutação como fonte legítima do Direito e não há como impedi-la, sendo responsável pelo aprimoramento do dinamismo da Constituição já empregado por Smend e trazendo uma divisão mais concatenada do fenômeno.

Para findar os teóricos alemães, destaca-se a obra de **Konrad Hesse**, em especial, "A Força Normativa da Constituição"[22] e "Limites da Mutação Constitucional"[23], pelas quais demonstrou que o texto constitucional exerce **força vinculante sobre as condutas sociais.** Hesse foge da concepção sociológica de Ferdinand Lassale (fatores reais de poder), pontuando que a Constituição é jurídica (formal).

Não obstante, Hesse aduz que as forças sociais da sociedade estão interconectadas com as normas jurídicas, umas influenciando as outras, de modo que a Constituição não é apenas reflexo da realidade, mas também ordena e ajusta a realidade política e social[24]. Estabelece-se uma relação de coordenação ediante deste equilíbrio a Constituição adquire sua "força normativa". Segundo o próprio Hesse:

---

21 DAU-LIN, Hsü.**Die Verfassugswandlung.**Walter de Gruyter&Co. Berlín y Leipzig, 1932. p. 164.

22 HESSE, Konrad. **A força normativa da Constituição.** Tradução Gilmar Ferreira Mendes, Porto Alegre: Sergio Antonio Fabris Editor, 1991.

23 HESSE, Konrad. **Limites de La Mutación Constitucional: Escritos de Derecho Constitucional.** 2ª ed.. Madrid: Centro de Estudios Constitucionales, 1992.

24 HESSE, Konrad. **A força normativa da Constituição.** Tradução Gilmar Ferreira Mendes, Porto Alegre: Sergio Antonio Fabris Editor, 1991. p. 24.

> Determinada pela realidade social e, ao mesmo tempo, determinante em relação a ela, não se pode definir como fundamental nem a pura normatividade, nem a simples eficácia das condições sócio-políticas e econômicas. A força condicionante da realidade e a normatividade da Constituição podem ser diferenciadas; elas não podem, todavia, ser definitivamente separadas ou confundidas[...]. A Constituição adquire força normativa na medida em que logra realizar essa pretensão de eficácia [...][25]

Ressalta-se que a Constituição, para manter a força normativa, segundo Hesse, deve estar de acordo com consciência geral dos principais responsáveis[26], ou seja, quanto mais corresponder à realidade social mais força e efetividade terá. Com esse embasamento, tendo a Constituição sua força vital própria, as mutações constitucionais são consideradas, por Hesse, intrínsecas e necessárias aos ordenamentos jurídicos constitucionais, cujo principal objetivo é manter a adequação à realidade e preservar a força normativa.

Além dos autores alemães, precursora do tema, merece destaque também a doutrina portuguesa, sobretudo os trabalhos de **Jorge Miranda e de José Joaquim Gomes Canotilho e Carlos Blanco de Moraes.** Miranda, em vez de denominar mutação, opta pela denominação "vicissitude constitucional tácita", pois as modificações se concretizam mediante a prática dos costumes a favor ou contra lei, bem como por meio da interpretação evolutiva[27]. Canotilho[28], de seu turno, alude ao termo "transição constitucional" ao entender se tratar de revisão informal do compromisso político sem alteração do texto. Carlos Blanco de Morais, professor da Faculdade de Direito de Lisboa, ensina que "essas alterações tácitas ou implícitas da Lei Fundamental em que o conteúdo das normas é modificado sem prejuízo de o texto se manter intocado são designadas de mutações informais da Constituição"[29].

---

25 HESSE, Konrad. **A força normativa da Constituição.** Tradução Gilmar Ferreira Mendes. Porto Alegre: Sergio Antonio Fabris Editor, 1991. p. 15/16.

26 HESSE, Konrad. Ibidem. p. 19.

27 MIRANDA, Jorge. **Manual de Direito Constitucional.** 3ª ed., Coimbra: Editora, 1991, T. 2, p. 133.

28 CANOTILHO, José Joaquim Gomes. **Direito Constitucional.** 6ª ed., Coimbra: Livraria Almedina, 1993. p. 231.

29 MORAIS, Carlos Blanco. As mutações constitucionais implícitas. **JURISMAT**. Portimão. n. 3, 2013. p. 61.

Cabe, ao final, fazer menção à doutrina brasileira que também se debruçou sobre o fenômeno da mutação constitucional. A professora **Anna Candida da Cunha Ferraz**, na década de 80, elaborou criterioso trabalho sobre o tema da mutação, apontando a distinção entre reforma e mutação constitucional, conforme trecho abaixo transcrito:

> [...] Daí a distinção que a doutrina convencionou registrar entre reforma constitucional e mutação constitucional; a primeira consiste nas modificações constitucionais reguladas no próprio texto da Constituição (acréscimos, supressões, emendas), pelos processos por ela estabelecidos para sua reforma; a segunda consiste na alteração, não da letra ou do texto expresso, mas do significado, do sentido e do alcance das disposições constitucionais, através ora da interpretação judicial, ora dos costumes, ora das leis, alterações essas que, em geral, se processam lentamente, e só se tornam claramente perceptíveis quando se compara o entendimento atribuído às cláusulas constitucionais em momentos diferentes, cronologicamente afastados um do outro, ou em épocas distintas e diante de circunstâncias diversas"[30].

Notório que a professora Anna Candida desenvolveu, no território pátrio, os conceitos da doutrina alemã, fazendo aos moldes de Dau-Lin, valiosa classificação das formas de mutação vislumbradas. Na mesma linha, o ministro Luís Roberto Barroso também faz a distinção dos processos de modificação da constitucional, isto é, aqueles que implicam na alteração do texto ou aqueles que operam pela via interpretativa, consoante o trecho abaixo transcrito:

> Sem que se opere algum tipo de ruptura na ordem constituída – como um movimento revolucionário ou a convocação do poder constituinte originário, duas são as possibilidades legítimas de mutação ou transição constitucional: (a) através de uma reforma do texto, pelo exercício do poder constituinte derivado, ou (b) através do recurso aos meios interpretativos[31]. [...]

---

30 FERRAZ, Anna Candida da Cunha. **Processos informais de mudança da Constituição: mutações Constitucionais e mutações Inconstitucionais.** 2ª edição, Osasco: EDIFIEO, 2015. p. 09.

31 BARROSO, Luís Roberto. **Interpretação e Aplicação da Constituição: fundamentos de uma dogmática constitucional**. 7ª ed. rev., São Paulo: Saraiva, 2009. p. 151.

> Essa interpretação evolutiva se concretiza, muitas vezes, através de normas constitucionais que se utilizam de conceitos elásticos ou indeterminados [...] que podem assumir significados variados ao longo do tempo. Por vezes, uma emenda constitucional, introduzindo modificação em algum subsistema constitucional, pode alterar a compreensão de conceitos e institutos já existente.[32]

Pelo exposto, observa-se que o tema foi bastante desenvolvido durante os séculos XIX e XX e, em uma acepção genérica, o termo mutação constitucional comporta **qualquer tipo de alteração no campo semântico (sentido/alcance) da Constituição**, seja mediante processos expressos e formais (reforma/revisão), seja mediante processos informais (sem previsão expressa), que alteram a interpretação dos dispositivos legais. Sem prejuízo, salienta-se que a doutrina constitucional majoritariamente emprega a expressão de forma mais restrita, considerando mutação a alteração **informal**, ou seja, aquela que incide mais sobre a **interpretação da norma (semântica)**.

Em outras palavras, o texto permanece intacto, no entanto atribuiu-se nova interpretação à norma, a fim de acompanhar a evolução social. Com efeito, captado o conceito e a origem da mutação constitucional, fundamental também que compreendamos os tipos de mutação apontados pela doutrina constitucional e, posteriormente, os seus limites que põe à sua realização.

1.2 TIPOS DE MUTAÇÃO CONSTITUCIONAL

A doutrina jurídica diverge bastante no tocante às modalidades de mutação constitucional, sendo árduo vislumbrar todas as hipóteses de transformação informal do texto constitucional. Nesse sentido, Bulos pondera que "esses métodos, [...] são ilimitados, porque variam de acordo com as transformações sociais, as quais repercutem sobre todo o ordenamento constitucional[33]". Nada obstante, com o intuito de exemplificar, apanham-se as classificações mais recorrentes da doutrina nacional e internacional, conforme será apresentado.

---

32 Ibidem. p. 151/152.

33 BULOS, Uadi Lammego. Da reforma à mutação constitucional. *In:* **Revista de Informação Legislativa**. Brasília, a.33 n.129, jan.-mar. 1996. p. 32.

1.2.1 Mutações inconstitucionais

Inicialmente, há que se distinguir a mutação constitucional da mutação inconstitucional. Se a nova interpretação do texto não contraria as demais normas do sistema, será denominada **mutação constitucional,** a qual será abordada com mais vagar no próximo item.

Em contrapartida, se a nova interpretação dada à norma contrariar outra norma (regras ou princípios) da Constituição, a alteração será denominada **mutação inconstitucional,** também, alcunhada de "falseamentos da Constituição" ou "quebrantamentos da Constituição". Tal modalidade, pela lógica do sistema de normas, não se pode admitir. Interpretar uma norma constitucional na contramão de outra norma constitucional é gerar um conflito insanável entre elas, o que resulta na violação da segurança jurídica, ou seja, na estabilidade da Constituição.

Hesse aduz que a interpretação (construtiva) do texto que desborda do plexo normativo (sistema jurídico) não pode ser considerada mutação, mas sim o seu verdadeiro rompimento da situação jurídica vigente[34]. Por tal razão, a força normativa da Constituição deve ser mantida, a fim de gerar a estabilidade (continuidade) do texto constitucional e não sua fragmentação.

Anna Candida divide as mutações inconstitucionais em: **(i) processos anômalos de mudança da Constituição e (ii) processos manifestamente inconstitucionais**. No primeiro grupo, enquadra práticas que paralisam ou impedem plena aplicação das normas constitucionais, tais como: inércia dos poderes; desuso de preceitos ou disposições constitucionais e a mutação tácita que podem gerar inconstitucionalidades quando praticadas. Já, no segundo grupo, insere as práticas ou costumes contra a Constituição; e os golpes de Estado que implica em suspensão ou mesmo a supressão da Constituição em vigência[35].

Conquanto haja variadas espécies, a mutação inconstitucional representa a **erosão do ordenamento jurídico** e não sua adequação (ajuste) à realidade. Segundo o próprio Hesse, a mutação inconstitucional não deve

---

34 HESSE, Konrad. **A força normativa da Constituição.** Tradução Gilmar Ferreira Mendes. Porto Alegre: Sergio Antonio Fabris Editor, 1991. p. 23.

35 FERRAZ, Anna Candida da Cunha. **Processos informais de mudança da Constituição: mutações Constitucionais e mutações Inconstitucionais.** 2ª edição, Osasco: EDIFIEO, 2015. p. 213 e 244.

ocorrer, mas, se ocorrer, salutar seu rechaço pelo sistema de controle de constitucionalidade e demais por controles políticos da própria população.

Nessa linha, o Supremo Tribunal Federal (STF), em relação à Constituição de 1988, não admite qualquer tipo de inconstitucionalidade de normas constitucionais originárias mesmo que oriundas de interpretação. Nos termos do art. 102 da Constituição de 1988, o STF é guardião da Constituição e tem o dever de respeitá-la. Adotar entendimento de que o texto original seria inconstitucional ou poderia ser interpretado de forma inconstitucional, tornaria o STF um novo Poder Constituinte Originário, cujo poder é do povo, o que não se poderia admitir, segundo Sieyès. Acerca do tema, o ministro Moreira Alves, bem assentou, senão vejamos:

> EMENTA: – Ação direta de inconstitucionalidade. Parágrafos 1° e 2° do artigo 45 da Constituição Federal. – A tese de que há hierarquia entre normas constitucionais originárias dando azo à declaração de inconstitucionalidade de umas em face de outras e incompossível com o sistema de Constituição rígida. – Na atual Carta Magna "compete ao Supremo Tribunal Federal, precipuamente, a guarda da Constituição" (artigo 102, "caput"), **o que implica dizer que essa jurisdição lhe é atribuída para impedir que se desrespeite a Constituição como um todo, e não para, com relação a ela, exercer o papel de fiscal do Poder Constituinte originário, a fim de verificar se este teria, ou não, violado os princípios de direito suprapositivo que ele próprio havia incluído no texto da mesma Constituição. Por outro lado, as cláusulas pétreas não podem ser invocadas para sustentação da tese da inconstitucionalidade de normas constitucionais inferiores em face de normas constitucionais superiores, porquanto a Constituição as prevê apenas como limites ao Poder Constituinte derivado ao rever ou ao emendar a Constituição elaborada pelo Poder Constituinte originário, e não como abarcando normas cuja observância se impôs ao próprio Poder Constituinte originário com relação às outras que não sejam consideradas como cláusulas pétreas**, e, portanto, possam ser emendadas. Ação não conhecida por impossibilidade jurídica do pedido[36]. (grifa-se).

36 SUPREMO TRIBUNAL FEDERAL (STF). **ADI 815.** Relatoria do Ministro Moreira Alves. Tribunal Pleno. *DJ* 28-3-1996, *DJ* 10-5-1996. PP-15131 EMENT VOL-01827-02. p. 312.

Contudo, oportuno mencionar que se entende que o mesmo Supremo Tribunal que reconheceu a impossibilidade de normas constitucionais originais, no julgado acima, acabou por entender, de certa forma, inconstitucional a previsão da prisão civil do depositário infiel, estampada no art. 5°, LXVII[37]. No julgamento do Recurso Extraordinário n. 466.343-1/SP, assentou-se que apenas a prisão civil do devedor de alimentos é admitida no ordenamento pátria, haja vista que a Convenção Americana de Direitos Humanos (Decreto n. 678/92), no artigo 7, item 7[38], prevê somente essa possibilidade prisão civil.

Conquanto a redação do inciso LXVII do art. 5° permaneça a mesma, não há dúvida de que se reconheceu que o trecho final seria inaplicável à luz de outras normas. *Essa mudança seria inconstitucional?* A resposta é afirmativa se vislumbrarmos que uma norma hierarquicamente inferior (supralegal) afetou e retirou a eficácia de uma norma superior (constitucional). Neste sentido, acerca da decisão, Elival da Silva Ramos enfatiza que "[...] a decisão proferida pelo STF ao julgar o RE n. 466.343-1/SP, merece ser alcunhada de ativista, por fazer *tabula rasa* de nexos funcionais com os quais o sistema jurídico brasileiro opera[39]". Todavia, para o Supremo Tribunal, houve apenas a eficácia paralisante dos tratados internacionais de direitos humanos sobre a legislação legal, ou seja, os tratados de direitos humanos prevalecem sobre a legislação ordinária, senão vejamos:

> (...) desde a adesão do Brasil, sem qualquer reserva, ao Pacto Internacional dos Direitos Civis e Políticos (art. 11) e à Convenção Americana sobre Direitos Humanos – Pacto de São José da Costa Rica (art. 7°, 7), ambos no ano de 1992, não há mais base legal para prisão civil do depositário infiel, pois o caráter especial desses diplomas internacionais sobre direitos humanos lhes reserva lugar específico no ordenamento jurídico, estando abaixo da Constituição, porém acima da legislação interna. O status normativo supralegal dos tratados internacionais de direitos humanos subscritos pelo Brasil, dessa forma, torna inaplicável a legislação infraconstitucional com

37 LXVII - não haverá prisão civil por dívida, salvo a do responsável pelo inadimplemento voluntário e inescusável de obrigação alimentícia e a do depositário infiel.

38 Art. 7°. Direito à Liberdade Pessoal [...] 7. Ninguém deve ser detido por dívida. Este princípio não limita os mandados de autoridade judiciária competente expedidos em virtude de inadimplemento de obrigação alimentar.

39 RAMOS, Elival da Silva. **Ativismo Judicial: parâmetros dogmáticos**. 2ª edição. São Paulo: Saraiva, 2015. p. 280.

ele conflitante, seja ela anterior ou posterior ao ato de adesão. Assim ocorreu com o art. 1.287 do Código Civil de 1916 e com o DL 911/1969, assim como em relação ao art. 652 do novo Código Civil (Lei 10.406/2002)[40]

Nada obstante, tendo em vista que, nesta pesquisa, procura-se mostrar diversas visões acerca do tema, vale mencionar que a doutrina alemã, a mesma precursora do tema em debate, também vislumbrou a possibilidade de se admitir normas inconstitucionais dentro da própria Constituição, não sendo tal manifestação considerada uma ruptura.

Aludida tese coube a Otto Bachof, professor da Universidade de Tübingen (Alemanha), na obra "Normas Constitucionais Inconstitucionais?". O professor parte do pressuposto de que há hierarquia entre as normas constitucionais. Assim, se há um conflito entre uma **norma materialmente constitucional** (estrutura do Estado, rol de direitos fundamentais) e uma **norma formalmente constitucional** (apenas constitucional por sua alocação, mas não no seu conteúdo), a segunda pode ser reconhecida como inconstitucional. O mesmo pode ocorrer diante de um conflito entre uma norma constitucional e um princípio constitucional não escrito. Vejamos:

> [...] Contudo, poderia suceder que uma norma constitucional de significado secundário, nomeadamente uma norma só formalmente constitucional, fosse de encontro a um preceito material fundamental da Constituição: ora, o facto é que por constitucionalistas tão ilustres como Krüger e Giese foi defendida a opinião de que, no caso de semelhante contradição, a norma constitucional de grau inferior seria inconstitucional e inválida[41].

Cumpre salientar que a tese de Bachof somente faz sentido se adotada a distinção entre as normas constitucionais formais e materiais. Contudo, no Brasil, a concepção adotada é **formal**, de modo que todas as normas constitucionais, independentemente do conteúdo, estão no mesmo patamar (não há hierarquia), devendo ser compreendidas como fruto da vontade do Poder Originário e, portanto, todas válidas (constitucionais). Por outro lado, só se admite inconstitucionalidade de normas derivadas, ou seja, oriundas de reformas constitucionais – Poder Constituinte Derivado reformador.

---

40 SUPREMO TRIBUNAL FEDERAL (STF), **RE 466.343**. Relatoria do Min. Cezar Peluso, voto do Min. Gilmar Mendes, j. 3-12-2008, P, *DJE* de 5-6-2009, Tema 60.

41 BACHOF, Otto. **Normas Constitucionais Inconstitucionais?** Tradução José Manuel M. Cardoso da Costa, Coimbra: Almedina, 2007. p. 55.

Expostas as considerações sobre a mutação inconstitucional, passa-se agora a compreender as espécies de mutação constitucional, ou seja, aquelas que devem ser admitidas no ordenamento jurídico.

1.2.2 Mutações constitucionais

No que tange à mutação constitucional, pode-se subdividi-la nas seguintes espécies: *a) mutação constitucional por interpretação; e b) mutação por costume ou prática constitucional,* conforme será exposto.

1.2.2.1 *Mutação Constitucional por interpretação*

A mutação constitucional por interpretação consiste na mudança do texto do constitucional em decorrência de uma interpretação dada ao texto. Interpretar a Constituição é extrair/revelar a norma de seu texto, o que leva à aplicação e efetivação do texto. Eros Grau aduz que "os textos normativos carecem de interpretação não apenas por não serem unívocos ou evidentes [...] mas também porque devem ser aplicados a casos concretos, reais ou fictícios[42]". Já, consoante o magistério de Carlos Maximiliano:

> interpretar é explicar, esclarecer, dar o significado de vocábulo, atitude ou gesto; reproduzir por outras palavras um pensamento exteriorizado; mostrar o sentido verdadeiro de uma expressão; extrair, de frase, sentença ou norma, tudo o que na mesma se contém. [43]

De outro modo, significa que cabe ao intérprete encontrar o sentido que melhor harmoniza o texto com a realidade constitucional daquele Estado, considerando aspectos políticos, sociais, econômicos e, claro, jurídicos, o que nos remete diretamente ao denominado **dinamismo constitucional**, consoante a doutrina de Smend, Dau-Lin e Hesse.

Em especial, no que tange à política, Daniel Nagao, enfatiza ser a mutação por via interpretativa "(...) a porta de entrada no ordenamento constitucional das mudanças políticas e econômicas, das mudanças sociais, (...) é o

42 GRAU, Eros Roberto. **Por que tenho medo dos juízes. (a interpretação/aplicação do direito e os princípios).** 8ª edição. São Paulo: Malheiros, 2017. p. 34-35.

43 MAXIMILIANO, Carlos. **Hermenêutica e aplicação do Direito.** 20ª ed., Rio de Janeiro: Forense, 2011. p. 7.

canal de comunicação entre Direito e a sociedade (...)[44]". Raciocínio idêntico é defendido por Paulo José Leite Farias ao ponderar que "o que particulariza a interpretação da Constituição, de modo mais marcado, é o fato de ser ela o estatuto jurídico do político (...)[45]". Ora, ambos os autores deixam claro que o texto constitucional é o canal, ou seja, a ponte entre a Política e o Direito; é a limitação e a organização do elemento social e política na forma jurídica.

Não é por outro motivo que, no texto constitucional, há o emprego de diversos termos genéricos ou vagos de teor político e ideológico. O objetivo foi o de trazer expressões equívocas ou polissêmicas que permitam aos futuros legisladores, administradores e julgadores, interpretá-las e aplicá-las nas mais variadas situações concretas, isto é, trata-se de uma **constituição semântica.** Vale lembrar que a Constituição é feita para perdurar, sendo que um texto constitucional hermético, por outro lado, engessaria não só a interpretação como o próprio avançar do Estado ao longo anos.

Por conseguinte, a interpretação constitucional cuida do elemento jurídico sem se descuidar do elemento político (do poder), porquanto na Constituição, além dos preceitos jurídicos (princípios, direitos fundamentais e a limitação do poder), constam também as bases políticas do Estado, bem como as diretrizes de atuação dos governos.

Não obstante já exposto que a norma surge da interpretação, nem toda interpretação é mutação. Para que a interpretação torne-se uma mutação, o sentido imprimido à norma deve ir muito além do próprio sentido direto e literal do texto, buscando alcançar uma situação nova que atenda a esta nova realidade social.

Exemplo singular foi o dado à expressão "mulher honesta"[46] prevista

---

44 NAGAO, Daniel Francisco Menezes. **Economia e Mutação Constitucional.** Dissertação (Mestrado em Direito Político e Econômico). Universidade Presbiteriana Mackenzie. São Paulo, 2008. p. 55.

45 FARIAS, Paulo José Leite. Mutação constitucional judicial como mecanismo de adequação da Constituição Econômica à realidade econômica. *In*: **Revista de Informação Legislativa**, Brasília, a. 34, n. 133, p. 213-231, jan./mar. 1997. Disponível em https://www2.senado.leg.br/bdsf/bitstream/handle/id/210/r133-22.PDF?sequence=4. Acesso em 27-5-19.

46 Segundo o penalista Nelson Hungria, mulher honesta é aquela cuja conduta, sob o ponto de vista da moral, é irrepreensível, senão também aquela que ainda não rompeu com o "minimum" de decência exigido pelos bons costumes (*In*:**Comentários ao Código**

no Código Penal Brasileiro[47]. Certamente, o que se entendia por honestidade da mulher na década de 40 do século XX não é o mesmo aplicado ao século XXI. Houve nitidamente, a evolução do conceito e a forma como se interpretou ao longo dos anos. Ademais, salienta-se que a mutação, por sua essência, deve ocorrer de forma lenta e gradual, praticamente, imperceptível, não implicando em tensões ou rupturas com o ordenamento estabelecido. Sobre o tema, Anna Candida leciona que a mutação constitucional interpretativa, embora sem formas predefinidas, é facilmente percebida nas seguintes situações:

> a) quanto há o alargamento do sentido do texto constitucional, aumentando-lhe a abrangência para alcançar novas realidades;
> b) quando se imprime sentido determinado e concreto ao texto constitucional;
> c) quando se modifica interpretação anterior e se lhe imprime novo sentido atendendo à evolução da realidade constitucional;
> d) quando há adaptação do texto à nova realidade social não previsto no momento da elaboração da Constituição;
> e) quando há adaptação do texto constitucional para atender exigências do momento da aplicação constitucional;
> f) quando se preenche, por via administrativa, lacunas no texto constitucional.[48]

Pelo que se extrai, é nítido que a mutação trabalha num contexto de **nova realidade fática** e não simplesmente de mera interpretação de norma. A mutação representa um movimento profundo e extenso que vai à direção contrária aos fatos originais que embasaram a norma constitucional (natureza contrafática)[49], cujo intuito é efetivar a norma constitucional. Cabe afirmar que há o nítido descompasso do ser com o dever-ser, sendo que a realidade

---

Penal. v. 8, 5ª ed., Rio de Janeiro: Forense, 1981. p. 139). Observa-se que se trata de conceito bastante subjetivo que varia de acordo com a moral de cada período histórico.

47 Expressão prevista nos arts. 215, 216 e 219 do Código Penal, os quais foram revogados pela Lei n. 11.106/2005. Vale ressaltar que a expressão é utilizada desde as Ordenações Filipinas, criadas em 1595, por rei Filipe I de Portugal.

48 FERRAZ, Anna Candida da Cunha. Op. cit., p. 58.

49 MENEZES, Daniel Francisco Nagao. Op. cit., p. 57.

já não suporta mais. Por outro lado, a interpretação atua dentro dos limites da norma e dos fatos que a criaram, ou seja, parte-se de lacunas ou omissões da norma deixam dúvida na aplicação da norma, sem que ocorra mudança fática – a realidade permanece a mesma.

Em ambos os casos, para que a norma seja revelada, há necessidade de utilizar-se de métodos interpretativos **clássicos** (gramatical, lógico, histórico e sistemático)[50] e/ou **modernos** (tópico-problemático; hermenêutico--concretizador; científico-estrutural e normativo-estruturante). Em contrapartida, uma vez que se fala em interpretar a Constituição, fundamental saber a quem compete tal ato. Em regra, a interpretação é realizada pelos órgãos instituídos – Poder Legislativo, Executivo e Judiciário, por isso denominada **interpretação orgânica.** Trata-se dos órgãos que recebem autorização diretamente do texto constitucional para interpretá-lo.

Todavia, não sendo a interpretação exclusividade de tais órgãos, outras **formas não-orgânicas de interpretação** são também admitidas como: a) **interpretação popular** (pela vontade do povo, mediante instrumentos de participação como plebiscitos, referendos, vetos populares); b) a **interpretação doutrinária** (formada pela doutrina e ciência do Direito) e; c) a **interpretação autêntica** (oriunda do próprio órgão que editou a norma).

Todas essas formas revelam uma visão mais democrática, permitindo que toda a sociedade interprete a Constituição e qualquer outra norma do ordenamento jurídico, conduzindo a uma **interpretação pluralista**, como assinalou Peter Häberle[51]. Sem embargo, reconhece-se que apenas a interpretação doutrinária, mesmo sendo fundamental para o desenvolvimento da Ciência Jurídica, serve de base para as demais interpretações. Tanto é assim que Luís Roberto Barroso entende que ela não se dirige diretamente à aplicação das normas constitucionais, mas fornece subsídios para os órgãos encarregados de fazê-la[52].

---

50 Introduzidos pelo jurista alemão Friedrich Carl Von Savigny.

51 HÄBERLE, Peter. **Hermenêutica Constitucional – a sociedade aberta dos intérpretes da Constituição: contribuição para a interpretação pluralista e procedimental da Constituição.** Tradução de Gilmar Ferreira Mendes. Porto Alegre: Sergio Antonio Fabris Editor, 2002.

52 BARROSO, Luís Roberto. **Interpretação e Aplicação da Constituição: fundamentos de uma dogmática constitucional.** 7ª ed. rev. São Paulo: Saraiva, 2009. p.122.

De outra vertente, a doutrina brasileira[53] aceita a interpretação autêntica dos textos jurídicos, inclusive da Constituição. Neste último caso, o Congresso pode editar uma emenda constitucional atribuindo nova interpretação ao texto original. Todavia, Anna Candida[54], acompanhada por Luís Roberto Barroso[55], pondera que, no plano constitucional, não há que se falar em interpretação verdadeiramente autêntica, pois quem realiza não é o Poder Originário (criador da Constituição), mas sim o Poder Constituinte Derivado, que o faz mediante reformas – via emenda constitucional.

De qualquer forma, na concepção moderna, sendo o povo o titular do Poder Constituinte, entende-se ser possível que o Poder Derivado realize a modificação da Constituição por emenda constitucional, bem como o próprio Supremo Tribunal Federal, como guardião da Constituição.

Com efeito, as instituições, as autoridades, a doutrina e qualquer cidadão, podem e devem, dentro das diretrizes da própria constituição, interpretar a Constituição e as normas na aplicação das diversas relações jurídicas e políticas entabuladas nos diversos contextos sociais.

I – Interpretação constitucional legislativa

A mutação por interpretação atribuída ao Poder Legislativo ocorre na atividade legiferante, ou seja, na edição das normas jurídicas que representam a inovação da ordem jurídica. As constituições atribuem ao legislador ordinário a função de regulamentar as normas, a fim de que elas produzam efeitos no mundo fático, sobretudo quando se está diante de normas constitucionais de eficácia limitada.

Recorda-se que, conforme a célebre classificação de José Afonso da Silva[56], pautada na doutrina italiana de Vezio Crisafulli, quanto à aplicabilidade, as normas constitucionais podem ser de eficácia plena, de eficácia contida e de eficácia limitada. As primeiras de aplicabilidade direta, imediata, integral que produzem efeitos de plano; as segundas que também têm aplicabilidade

---

53 *Vide* BASTOS, Celso Ribeiro. **Curso de Direito Constitucional**. 12ª edição. São Paulo: Saraiva, 1990. p. 101; MAXIMILIANO, Carlos. **Hermenêutica e Aplicação do direito**. 9ª edição. Rio de Janeiro: Forense, 1981. p. 88 e 315.

54 FERRAZ, Anna Candida da Cunha. Op. cit., p. 165.

55 BARROSO, Luís Roberto. Op. cit., p. 123.

56 SILVA, José Afonso da. **Aplicabilidade das normas constitucionais**. 2ª ed., São Paulo, Revista dos Tribunais, 1982.

direta, imediata, integral, podem ter seus efeitos restringidos pelo legislador no futuro e; por fim, as de eficácia limitada, são aquelas que possuem aplicabilidade indireta, mediata e diferida, pois dependem da edição de atos normativos para sua total produção de efeitos (leis, decretos, regulamentos etc.). Ademais, as normas de eficácia limitada podem deixar a cargo do legislador a criação de órgãos/entes (princípio institutivo), por exemplo, a criação de uma autarquia ou; a concretização de direitos (princípio programático), por exemplo, parte dos direitos sociais. Em relação às normas de eficácia contida e limitada, há a atuação futura do legislador ordinário, a fim de atender novas realidades, sendo que, na norma de eficácia contida, há restrição de efeitos, ao passo que, na norma de eficácia limitada, surgirão os efeitos daquela norma.

Nesse sentido, Daniel Nagao ressalta que a interpretação legislativa decorrente de regulamentação de normas constitucionais trata-se de situação especial, visto que ocorre pela via formal estabelecida no próprio texto constitucional, senão vejamos:

> Interessante notar que esta é um das raras hipóteses de Mutação Constitucional via processo legislativo formal, uma vez que, a norma infraconstitucional que vai provocar a mutação constitucional é alterada via reforma legislativa, passando pelos trâmites formais do Poder legislativo.[57]

Com efeito, todas as vezes que o legislador, a pretexto de editar regulamentadora de norma do Texto Maior e, com isso, adaptá-la a novas situações, a situações distintas ou preencher lacunas, dando novo alcance a essa norma, haverá a mutação pela via legislativa.

II – Interpretação constitucional judicial

Outra modalidade de mutação interpretativa possível é a realizada pelo Poder Judiciário, por meio de decisões judiciais – sentenças, acórdãos etc., seja na resolução de um caso concreto, a fim de aplicar a norma adequada, seja por meio de processo objetivo de controle de constitucionalidade de leis ou atos normativos. Aliás, a interpretação judicial ganhou bastante destaque nos últimos anos, devido à maior participação de juízes e tribunais no julgamento de questões eminentemente políticas, o que será mais abordado no próximo capítulo.

---

57 NAGO, Daniel Francisco Menezes. Op. cit., p. 69.

O Judiciário, semelhantemente aos demais Poderes, deve observância ao Texto Maior, não podendo prolatar decisões que contrariem expressa ou implicitamente o seu teor. De todo modo, salienta-se que toda vez que a interpretação conduzir a um novo sentido, a uma nova realidade, ela se transforma em mutação constitucional. A respeito do tema, Anna Candida[58] aponta 3 (três) espécies de interpretação judicial que podem ser constatadas, a saber: (i) interpretação evolutiva ou adaptadora; (ii) construção judicial; e (iii) interpretação criativa e analógica.

A **interpretação evolutiva ou adaptadora**, como o próprio nome enseja, surge quando o intérprete compreende que o valor fundante de certa norma constitucional adquiriu novo significado na sociedade contemporânea. Logo, busca-se a evolução ou adaptação do sentido do texto à realidade fática, trabalhando-se com o mesmo texto e o mesmo fato.

Exemplo singular dessa evolução é a mudança de entendimento da Suprema Corte dos Estados Unidos, que, em um primeiro momento, declarou inconstitucionais as medidas intervencionistas do "New Deal", adotadas pelo governo Roosevelt entre 1933 e 1937, sobretudo as atinentes à legislação trabalhista. Ulteriormente, a mesma corte profere novas decisões[59], reconhecendo que medidas adotadas pelo governo, justificavam-se diante da uma nova realidade econômica e social, sendo, portanto, constitucionais.

Na mesma linha de raciocínio, a Suprema Corte americana, em 1896, no julgamento do caso "Plessy v. Fergusson", que reconheceu a constitucionalidade das normas que impunham a segregação racial nos espaços públicos ("separate but equal"). Décadas depois, o mesmo órgão, julgando o caso "Brown vs. Board of Education" (1954), superou o entendimento anterior e admitiu como válidas as medidas governamentais que visavam a integração racial nas universidades, ou seja, a interpretação foi aplicada de forma evolutiva, como exteriorização da nova realidade social.

De outra vertente, a **construção judicial** surge ao se aplicar a norma constitucional a situações não previstas, expressamente, no texto constitucional, mas que decorrem dele ou do próprio sistema constitucional. Exemplifica-se com uma das mais icônicas decisões proferidas pela Suprema Corte

---

58 FERRAZ, Anna Candida da Cunha. Op. cit., p. 125

59 *Vide* "West Coast Hotel Co. v. Parrish, 300 U.S. 379 (1937)". Destacam-se, ainda, os seguintes casos: 300 U.S. 440 (1937), 300 U.S. 515 (1937), 301 U.S. 1 (1937), 301 U.S. 49 (1937), 301 U.S. 58 (1937), 301 U.S. 103 (1937), 301 U.S. 142 (1937), 301 U.S. 548 (1937), 301 U.S. 619 (1937).

americana, no julgamento do caso "Marbury vs. Madison" (1803), no qual o Juiz John Marshall consagrou a ideia de que todo o Poder Judiciário pode avaliar se leis ou atos normativos expedidos pelo Estado estão ou não de acordo com o texto constitucional. Em outras palavras, a Suprema Corte estabeleceu as bases do controle difuso de constitucionalidade.

No Brasil, muito se fala da construção judicial que levou à **teoria brasileira do "habeas corpus",** desenvolvida no final do século XIX e início do século XX,à luz da Constituição Federal de 1891. A redação do art. 72, § 22, da Constituição de 1891[60], era bastante genérica e vaga acerca do "habeas corpus" não tutelando, precisamente, o direito de ir e vir (liberdade de locomoção), como hoje está previsto. Em razão disso, desenvolveram-se teses acerca das hipóteses de cabimento do "habeas corpus". Parte dos juristas brasileiros, em especial, Ruy Barbosa, advogado e constitucionalista, defendeu a tese de que o remédio deveria ser aplicado a todos os casos em que um direito fosse violado por ilegalidade ou abuso de poder. Em sentido oposto, outra corrente, tendo como expoente o jurista Carlos Maximiliano (1873-1960), defendia a tese "tradicionalista" de que o "habeas corpus", por sua origem histórica, deveria ser restrito à violação da liberdade de locomoção.

Diante de possíveis interpretações, o Supremo Tribunal Federal acolheu em parte a tese difundida por Ruy Barbosa, eis que **reconheceu o cabimento do remédio para proteger outros direitos, desde que relacionados ao direito de ir e vir, isto é, casos não previstos ou não expressamente tutelados pelo remédio, foram, então, contemplados de proteção**[61]. Contudo, diante do aumento de casos tutelados, posteriormente,

60 Art. 72 - A Constituição assegura a brasileiros e a estrangeiros residentes no País a inviolabilidade dos direitos concernentes à liberdade, à segurança individual e à propriedade, nos termos seguintes: [...] § 22 - Dar-se-á o *habeas corpus*, sempre que o indivíduo sofrer ou se achar em iminente perigo de sofrer violência ou coação por ilegalidade ou abuso de poder.

61 O *habeas corpus*, então, sob a decisiva influência das ideias sustentadas pelo notável magistrado desta Corte, PEDRO LESSA ("Do Poder Judiciário", p. 337-339, 1915, Livraria Francisco Alves), passou a tutelar, no plano jurisdicional, não só o direito de ir, vir e permanecer, ainda quando este, na simples condição de direito-meio, pudesse vir a ser afetado de modo reflexo, indireto ou oblíquo (RF 22/306 - RF 34/505 - RF 36/192 - RF 38/213 - RF 45/183), mas, também, quaisquer outras liberdades ou prerrogativas jurídicas afetadas por comportamentos ilegais ou abusivos dos órgãos ou agentes da administração pública (RF 13/148).

o legislador constituinte editou emenda constitucional, em 3 de setembro de 1926, que limitou o remédio apenas ao direito de ir e vir.

A despeito do tema, oportuno mencionar o posicionamento do professor José Alfredo Baracho, segundo o qual, a construção judicial é meio de se desprender do formalismo e permitir ampliar o debate das questões constitucionais já que aquela situação não foi antes prevista pelo constituinte, vejamos:

> [...] A função constitucional construtiva do Supremo Tribunal Federal permite-lhe desprender do rígido formalismo legal, para possibilitar debate amplo em torno de questões constitucionais: Como consequência de ser o Supremo Tribunal Federal o guarda e o responsável pela Constituição, e para cumprir essa obrigação que a Constituição lhe impõe, de guardá-la, ele deve erigir meios capazes para tanto. E se esses meios não constarem de texto constitucional expresso nem de lei ordinária, têm eles de surgir de sua interpretação criadora[62].

Por fim, a **interpretação criativa e analógica** importa no preenchimento de lacunas ou na correção de omissões previstas ou não no texto constitucional. A imprecisão, a incompletude dos textos constitucionais permite ao intérprete integrar situações que não estariam aparentemente reveladas, ou seja, está-se diante de casos em que o texto disse menos do que deveria.

Para exemplificar, o jurista José Frederico Marques faz alusão aos artigos 45 e 46 da Constituição da Suíça, elaborados de forma bastante vaga[63]. O primeiro garante a liberdade de domicílio em qualquer Cantão, salvo se o cidadão for punido por delitos graves reiteradas vezes. A jurisprudência suíça entendeu que reiteradas vezes significa duas vezes e, por sua vez, delito grave seria conduzir veículo inadequado à estrada, por exemplo. Já o artigo 46 veda a dupla taxação, nos termos da lei. Como a lei não foi expedida, cabe ao Tribunal dizer o que é dupla taxação, realizando, neste ato, a interpretação criativa. Nota-se que, em ambos os casos, a norma constitucional é mantida

---

62 BARACHO, José Alfredo de Oliveira. **Teoria da constituição**. São Paulo, Resenha Universitária, 1979. p. 105.

63 MARQUES, José Frederico. **A reforma do Poder Judiciário**. São Paulo: Saraiva, 1979. p. 338.

sem alteração, mas o Judiciário assume a função do Legislativo no momento da regulamentação, o que deve ser visto com ressalvas, pois o ideal é o próprio legislador realizar a complementação da norma constitucional.

Enfim, oportuno mencionar que as duas últimas modalidades apresentadas – **construção judicial e interpretação criativa** – devem ser vistas com parcimônia, porquanto possibilitam que o aplicador atue com maior discricionariedade (atividade criativa), o que pode levar a inconstitucionalidades. Inegável que há um ponto mínimo de discricionariedade quando se está diante de lacunas ou situações não, expressamente, previstas, mas de todo modo, há limites à mutação, como será exposto no item 1.3 deste capítulo.

III – Interpretação constitucional administrativa

A interpretação constitucional administrativa é aquela realizada pelos órgãos da Administração Pública (Poder Executivo), com o objetivo de ajustar seus atos regulamentares, portarias, resoluções às disposições do texto constitucional. Englobam-se também os atos de caráter, eminentemente, político, como nomeação de Ministros de Estado ou de Ministros da Suprema Corte.

A mutação, nesta modalidade, ocorre quando o ato administrativo, a pretexto de concretizar, integrar ou aplicar a norma constitucional ou legal, altera o seu sentido. Observa-se que o próprio administrador público definirá um sentido ao texto constitucional, mediante a expedição de normas regulamentares, que concretizarão os planos e os programas voltados aos setores econômico, social, como, por exemplo, as políticas públicas voltadas às áreas de saúde e educação. Sem que se negue a possibilidade do Poder Executivo realizar interpretações, resta claro que os atos administrativos devem manter consonância com a Constituição e as leis que visam regulamentar, sob pena de se tornarem inconstitucionais ou ilegais.

1.2.2.2 *Mutação Constitucional por costume constitucional*

Com o passar do tempo, certos usos e práticas sociais surgem e desaparecem, dando espaço para novas práticas que passam a adquirir autoridade normativa, ou seja, tornam-se novas fontes do Direito. Carlos Maximiliano ensina o costume é "uma norma jurídica sobre determinada relação de fato e resultante de prática diurna e uniforme, que lhe dá força de lei"[64]. Tal nor-

64 MAXIMILIANO, Carlos. Op. cit., p.153.

ma congrega um elemento de caráter **objetivo** ("usus" – reiteração de uma prática) e outro de caráter **subjetivo** ("opinio juris vel necessitatis" - convicção de obrigatoriedade).

Os costumes possuem duas funções básicas, a saber: (i) preencher lacunas e; (ii) ser elemento de interpretação, ou seja, auxiliar da exegese dos textos[65]. Percebe-se que se está diante de prática não escrita reiterada da sociedade, ou seja, representa a vontade social, a vontade do povo.

Os costumes podem ser organizados em 3 (três) categorias: a) *secundum legem* (interpretativo); b) *praeter legem* (integrativo); e c) *contra legem* (derrogatório). Por *secundum legem*, entende-se o costume surgido, a fim de interpretar uma determinada norma; ou aquele já reconhecido em norma jurídica; ou, ainda,ao qual a norma faz remissão. Nesse caso, considerado fonte subsidiária, uma vez que há norma jurídica escrita que regulamenta o tema. Já o costume *praeter legem*, visa o preenchimento de lacunas nas normas e, também, serve como forma de integração das normas, isto é, o costume faz a ligação entre a norma e a realidade social. Por último, o costume *contra legem* é aquele que surge em oposição ao texto escrito, acarretando no desuso da norma jurídica (não aplicação), razão pela qual não deve ser considerado fonte do Direito, por violar o próprio sistema.

A partir da visão geral acima exposta, no âmbito constitucional, também encontramos a figura do **costume constitucional** que assume características distintas do costume comum, conforme afirma Anna Candida, vejamos:

> [...] Reveste-se o costume constitucional de características próprias, que o distinguem do costume jurídico em geral. A primeira e a mais importante, resultante de sua natureza, é a de que o costume constitucional não adquire, em plenitude, a eficácia das normas constitucionais escritas. Assim, não goza do atributo formal de regra superior, de regra dotada da supremacia constitucional, inerente às normas escritas das Constituições rígidas e por essa razão preponderantes no confronto com normas infraconstitucionais[66].

Bulos, também, reforça a ideia de que há distinção entre costume comum e costume constitucional, sendo que, conquanto do ponto de vista material sejam semelhantes, diversificam-se quanto à forma e procedimento, visto que

---

65 FERRAZ, Anna Candida da Cunha. Op. cit., p.181.

66 FERRAZ, Ana Candida da Cunha. Op. cit., p. 185.

o costume constitucional é prática que completa/integra a Constituição[67]. Extrai-se do excerto que o costume constitucional é compatível tanto com constituições escritas quanto históricas. De qualquer forma, especialmente, em relação à constituição escrita, os costumes encontram-se em posição **hierarquicamente inferior às normas escritas**, sendo decorrentes de tais textos jurídicos, não podendo revogá-los expressamente. No entanto, podem ampliar o sentido, integrar ou gerar o desuso da norma.

Ainda, forçoso dizer que parte da doutrina pondera não haver espaço para práticas consuetudinárias de caráter constitucional em um sistema de constituição escrita e rígida, a exemplo do brasileiro. Nesse sentido, Linares Quintana expõe:

> la idea de una Constitución rígida excluye la posibilidad de la existencia de reglas consuetudinarias con el mismo valor jurídico que aquélla. En definitiva, Laferrière limita el valor de la costumbre o la tradición como valiosos elementos a tener en cuenta en la interpretación de la Ley Fundamental[68]

Com efeito, o costume constitucional embora não possa sobrepor-se às normas escritas, complementa o direito escrito e preenche lacunas, sendo, conforme Maximiliano, elemento auxiliar da exegese[69], ou seja, seu uso fica a cargo do aplicador do Direito na hora de realizar a interpretação.

Ademais, em geral, os costumes constitucionais são formulados no âmbito do Poder Legislativo e Executivo, sendo que apenas, excepcionalmente, o Judiciário cria normas costumeiras. Isso porque legislar e administrar são ações, nas quais o aspecto político tem forte influência como ocorre na edição de normas, discussões políticas, composição de ministérios, nomeação de ministros, aceitação de sua demissão, relação entre os poderes públicos, colóquio secreto do Chefe de Estado e os Ministros entre outros.

Em contrapartida, o Judiciário, em virtude da grande influência dos cânones positivistas, tende a ficar mais restrito à aplicação das normas jurídicas positivas (escritas) e, somente, na ausência dessas, podem se valer de costumes para solução dos litígios. Basta lembrar que, de acordo com o art. 4º

---

67 BULOS, Uadi Lammego. Costume constitucional. *In*: **Revista de Informação Legislativa**, Brasília a. 33 n. 131 jul./set. 1996, p. 100.

68 LINARES QUINTANA, Segundo V. **Reglas para la interpretación constitucional**. Buenos Aires: Ed. Plus Ultra, 1987, p. 259.

69 MAXIMILIANO, Carlos. Op. cit., p. 154.

da Lei de Introdução às normas do Direito Brasileiro (LINDB), quando a lei for omissa, o juiz decidirá o caso de acordo com a analogia, os costumes e os princípios gerais de direito[70].

Para também ilustrar, traz-se à colação o exemplo da prática constitucional francesa, segundo a qual nenhum Presidente da República candidata-se à reeleição para um segundo mandato, o que se tornou, com o tempo, uma vedação. Desde a reeleição de Grevy, em 1886, até o ano de 1939, nenhum dos presidentes franceses foi reeleito[71]. Destaca-se que o costume formou-se porque a Constituição Francesa de 1875, fruto da Terceira República, era bastante sintética e repleta de conceitos vagos que admitiam tal interpretação. Contexto similar havia nos Estados Unidos. Até a criação de regra expressa[72], era costume constitucional, desde George Washington, a não reeleição de Presidente da República a um terceiro mandato subsequente.

Por derradeiro, destaca-se o exemplo brasileiro de sistema parlamentarista que funcionou mesmo sem previsão expressa na Constituição do Império de 1824. Embora o imperador fosse responsável pelo Poder Executivo e Poder Moderador, questões políticas eram resolvidas pelo chefe do ministério, indivíduo escolhido pelas lideranças políticas prevalecentes[73]. Vale lembrar que o Brasil, à época, era uma monarquia constitucional e havia 4 (quatro) poderes instituídos – Legislativo (Assembleia-Geral); Executivo e Moderador (Imperador) e o Judiciário[74].

---

70 BRASIL. **Decreto-lei n. 4.657, de 4 de setembro de 1942**. Lei de Introdução às normas do Direito Brasileiro. Disponível em: http://www.planalto.gov.br/ccivil_03/decreto-lei/Del4657compilado.htm. Acessado em: 8-11-2019, às 10h27.

71 LISBOA, Carolina Cardoso Guimarães. **Normas Constitucionais não escritas: costume e convenção da constituição.** Tese (Doutorado em Direito do Estado). Universidade de São Paulo (USP). São Paulo, 2012.

72 Regra criada pela 22ª emenda à Constituição Americana – Seção 1: Ninguém poderá ser eleito mais de duas vezes para o cargo de Presidente, e pessoa alguma que tenha sido Presidente, ou desempenhado o cargo de Presidente por mais de dois anos de um período para o qual outra pessoa tenha sido eleita Presidente, poderá ser eleita para o cargo de Presidente mais de uma vez. Mas esta emenda não se aplicará a qualquer pessoa no desempenho do cargo de Presidente na época em que esta emenda foi proposta pelo Congresso, e não poderá impedir qualquer pessoa, que seja Presidente, ou esteja desempenhando o cargo de Presidente, durante o período dentro do qual esta emenda entrar em vigor, de ser Presidente ou agir como Presidente durante o resto do período.

73 LISBOA, Carolina Cardoso Guimarães. Op. cit., p. 192.

74 Conforme o art. 10 da Constituição Imperial de 1824: "Os Poderes Politicos reconhecidos

1.3 LIMITES DA MUTAÇÃO CONSTITUCIONAL

Por derradeiro, cabe-nos perfilhar acerca dos possíveis limites às mutações constitucionais. *Haveria limites expressos?* A resposta é complexa e depende do modo de ocorrência da mutação. Se considerada a mutação, a partir dos mecanismos formais da Constituição, obviamente, a resposta é mais fácil, pois as Constituições, ao menos de caráter rígido, apresentam limites expressos às alterações.

A Constituição Federal brasileira de 1988, em seu art. 60[75], trouxe limites circunstanciais, procedimentais, materiais e temporais ao exercício do Poder Constituinte Reformador. Nada obstante, admitem-se os denominados limites materiais implícitos como, por exemplo, o próprio art. 60 da Constituição Federal, ou mesmo o art. 127 que preconiza ser o Ministério Público uma instituição permanente. Nesse sentido, traz-se à colação o seguinte julgado do Supremo Tribunal Federal:

---

pela Constituição do Imperio do Brazil são quatro: o Poder Legislativo, o Poder Moderador, o Poder Executivo, e o Poder Judicial".

75 Art. 60. A Constituição poderá ser emendada mediante proposta:

I – de um terço, no mínimo, dos membros da Câmara dos Deputados ou do Senado Federal;

II – do Presidente da República;

III – de mais da metade das Assembleias Legislativas das unidades da Federação, manifestando-se, cada uma delas, pela maioria relativa de seus membros.

§ 1º A Constituição não poderá ser emendada na vigência de intervenção federal, de estado de defesa ou de estado de sítio.

§ 2º A proposta será discutida e votada em cada Casa do Congresso Nacional, em dois turnos, considerando-se aprovada se obtiver, em ambos, três quintos dos votos dos respectivos membros.

§ 3º A emenda à Constituição será promulgada pelas Mesas da Câmara dos Deputados e do Senado Federal, com o respectivo número de ordem.

§ 4º Não será objeto de deliberação a proposta de emenda tendente a abolir:

I – a forma federativa de Estado;

II – o voto direto, secreto, universal e periódico;

III – a separação dos Poderes;

IV – os direitos e garantias individuais.

§ 5º A matéria constante de proposta de emenda rejeitada ou havida por prejudicada não pode ser objeto de nova proposta na mesma sessão legislativa.

> Com relação a emendas constitucionais, o parâmetro de aferição de sua constitucionalidade é estreitíssimo, adstrito às limitações materiais, explícitas ou implícitas, que a Constituição imponha induvidosamente ao mais eminente dos poderes instituídos, qual seja o órgão de sua própria reforma. Nem da interpretação mais generosa das chamadas "cláusulas pétreas" poderia resultar que um juízo de eventuais inconveniências se convertesse em declaração de inconstitucionalidade da emenda constitucional que submeta certa vantagem funcional ao teto constitucional de vencimentos[76].

De outra vertente, considerando a mutação constitucional no sentido mais estrito, isto é, oriunda de transformações silenciosas e informais na sociedade, os limites tornam-se obscuros, eis que não há um parâmetro, a princípio, delimitado, razão pela qual a literatura jurídica apresenta diferentes posicionamentos.

Segundo as teorias de **Laband** e **Jellinek**, as mutações constitucionais, como processos informais, não possuem qualquer limite, sendo decorrentes da própria transformação da sociedade. De outro modo, as próprias forças sociais são responsáveis pela criação das mutações e o Direito deve, simplesmente, acompanhá-las[77]. Sob essa perspectiva, Jellinek sintetiza sua teoria, afirmando que a mutação é "fato consumado".

De seu turno, **Rudolf Smend** considera que a mutação é inerente ao Estado, atuando de forma integrativa, tendo por objetivo a evolução das normas, ao passo que **Hsü Dau-Lin**, complementando a ideia de Smend, aduz que a Constituição é elástica, de modo que a mutação deve ser compreendida como um processo dinâmico que reflete a interação constante entre a norma constitucional e a "força vital" do Estado (Política). De acordo com Dau-Lin, a Constituição e a Política estão imbricadas, sendo que o limite à mutação é a própria força política – a realidade política se converte em parte da Constituição.

Por outro lado, **Herman Heller (1891-1933),** constitucionalista alemão**,** que fez seus estudos à luz da Constituição de Weimar (1919), aduz que o limite à mutação é a **normatividade da Constituição**. Heller leciona que

---

76 SUPREMO TRIBUNAL FEDERAL (STF). **MS 24.875**. Relator Ministro Sepúlveda Pertence. *DJ* 6-10-2006.

77 HESSE, Konrad. **Limites de la Mutación Constitucional.** Escritos de Derecho Constitucional. 2ª ed. Madrid: Centro de Estudios Constitucionales, 1992. p. 388-89.

há dois tipos de Constituição: a normada (jurídica e extrajurídica) e a não-normada (normalidade das condutas sociais), sendo que há uma relação de coordenação entre as duas formas (ser e dever-ser), de modo que uma modificação da realidade fática também acaba por atrelar a mudança da realidade normativa, ocasionando a mutação constitucional. Logo, os limites podem ser compreendidos quando:

> [...]la modificación del contenido de la norma es compreendida como cambio 'en el interior' de la norma constitucional misma, no como consecuencia de desarollos producidos fuera de la normatividad de la Constitución, y cuya, ´mutación´ en normatividad estatal tampouco se pude explicar satisfactoriamente cuando se parte de una relación de coordenación correlativa entre normalidad e normatividad[78].

Ocorre, todavia, que a relação entre normalidade e normatividade, apresentada por Heller, que o aproxima muito das ideias de Lassale, é bastante genérica e não foi desenvolvida, suficientemente, para entender os casos concretos, o que levou à superação da tese, conquanto sua contribuição tenha sido de grande valia para o estudo e para a criação de uma Teoria da Constituição.

Por último, cabe citar o posicionamento de **Konrad Hesse** para quem o limite da mutação é o **próprio texto da Constituição**. A partir da ideia de força normativa da Constituição, Hesse conclui que **a norma é o limite da mutação**. Tal posição refuta qualquer tipo de mutação que viole o texto, por isso não se admite mutação à revelia do texto constitucional (mutações inconstitucionais). Ademais, Hesse destaca que essa é a única solução que permite a manutenção das funções essenciais da Constituição, garantindo a estabilização e limitação do poder[79]. Na mesma linha de raciocínio, Adriana Zandonade amplia o parâmetro de Hesse, asseverando que, além do texto normativo, os limites são os princípios políticos e jurídicos previstos no texto constitucional[80].

---

78 HELLER, Herman. **Teoria do Estado**. Tradução Lycurgo Gomes da Motta, São Paulo: Mestre Jôu, 1968. p. 296.

79 HESSE, Konrad. **Limites de la Mutación Constitucional:escritos de Derecho Constitucional.** 2ª ed. Madrid: Centro de Estudios Constitucionales. 1992. p. 102.

80 ZANDONADE, Adriana. Mutação Constitucional. *In:* **Revista de Direito Constitucional e Internacional.** São Paulo, n. 35, p. 195-227, abr.-jun. 2001.

Embora bastante aceitas e compartilhadas, inclusive, por doutrinadores brasileiros como Anna Candida da Cunha Ferraz e José Afonso da Silva, surgem críticas às ideias de Hesse, como expõe Daniel Nagao, no sentido de que a tese de Dau-Lin é mais representativa do fenômeno mutação, pois o que limita a Constituição é "a nova correlação de forças surgidas num determinado momento social e o próprio texto constitucional"[81]. Nagao compreende que o limite é **político** (as novas forças sociais), bem como o próprio sistema, e, por corolário, a mutação, deve respeitar as forças que colidem na antiga e na nova sociedade, conforme se extrai do trecho a seguir transcrito:

> Discordamos da posição adotada por Hesse, aceitando como válida a colocação de Hsü Dau-Lin, qual seja, o limite da mutação constitucional, no fundo, é político. Para Dau-Lin as questões políticas estão integradas dentro da própria Constituição, sendo o núcleo essencial do que ele chama de 'necessidades vitais do Estado'. Essa necessidade cambiante que permite a alteração da Constituição é no fundo política e independe do texto constitucional. Não que o texto não tenha força vinculante, ou normativa, para manter a linguagem clássica, porém a configuração do conteúdo da norma que irá vincular a realidade social é aberta à influência política.[82]

Oportuno, também, mencionar a tese defendida por Bulos, segundo o qual, as mutações constitucionais **não encontram limites em seu exercício**. O citado constitucionalista aduz que o limite não está na Constituição, tampouco na Política, mas sim na consciência do intérprete (elemento subjetivo), isto é, observando os princípios fundamentais, e os próprios parâmetros do controle de constitucionalidade. Vejamos:

> [...] a única limitação que poderia existir – mas de natureza subjetiva, e até mesmo psicológica, seria a consciência do intérprete de não extrapolar a forma plasmada na letra dos preceptivos supremos do Estado, através de interpretações deformadoras dos princípios fundamentais que embasam o Documento Maior.[83]

---

81 NAGAO, Daniel Francisco Menezes. Op. cit., p. 77.

82 NAGAO, Daniel Francisco Menezes. Op. cit., p. 74.

83 BULOS, Uadi Lammego. Da reforma à mutação constitucional. *In*: **Revista de Informação Legislativa.** Brasília, a.33 n.129, jan.-mar. 1996. p. 43.

Vale refletir que a tese que advoga a ausência de limites à mutação conduziria a um alto grau de discricionariedade por parte do intérprete do texto, ficando a esse órgão/autoridade o juízo de valor acerca da correlação entre o ser e o dever-ser na ótica de determinado Estado. Situações como essa tornariam o intérprete verdadeiro legislador positivo. E mais, partindo do pressuposto de que limites devem ser fixados, *quem estabeleceria os limites àquele que definirá o sentido e o alcance do texto constitucional?* Pensemos na atuação do Supremo Tribunal Federal que, como guardião da Constituição, em suas decisões promove interpretações e, até mesmo mutações ao texto constitucional, que se tornam **novas normas constitucionais.** Não há dúvida de que a norma extraída pela interpretação jurídica do Supremo Tribunal tornar-se-á a diretriz para os demais órgãos do Judiciário e da própria Administração Pública.

Assim como ao constituinte reformador (derivado) foram dadas balizas para atuar, é crível inferir que, sendo a mutação uma forma de alteração do texto, limites devem ser estabelecidos. Ainda que haja coro defensor da Política como limite, admiti-la significaria permitir mudanças ao texto que atendessem a interesses econômicos, políticos de um determinado grupo detentor de poder em detrimento dos demais, o que afastaria a ideia de um Estado democrático. Não se pode olvidar, também, que forças políticas são capazes de modificar a própria composição do Supremo Tribunal Federal para que os seus interesses prevaleçam, fato que conduz a não observância dos princípios constitucionais.

Do exposto, pela definição de um limite objetivo, ainda que sujeito a críticas, a tese formulada por Hesse apresenta-se mais adequada e juridicamente segura, eis que diante da informalidade e da imprecisão da mutação, têm a própria norma constitucional (regras ou princípios) como limite às alterações do texto constitucional. Considerara Política ou a vontade do intérprete como limite à mutação, sob esta perspectiva, acarretaria na submissão do Direito aos interesses políticos de um grupo dominante, ou, quiçá, no estabelecimento de um regime ditatorial daquele que ficaria encarregado de interpretar e dar valor à Constituição. Em ambos os casos, os ideais democráticos são deixados de lado, prejudicando os grupos minoritários ou vulneráveis da sociedade. Oportuno ponderar, também, que a própria interpretação de princípios constitucionais, muitas vezes, vagos e imprecisos deve ser feita com bastante cautela pelos intérpretes, sobretudo os poderes instituídos, a fim de coibir que, em nome de princípios, veladamente, se persiga determinado interesse político. Enfim, a Constituição é o próprio limite à sua modificação, seja formal ou informalmente.

Capítulo II

A evolução da forma de interpretação das normas jurídicas

No primeiro capítulo, foram apresentadas as bases teóricas da mutação constitucional, bem como compreendidas suas espécies e limites. Ademais, verificou-se que uma das formas mais utilizadas de mutação constitucional é a decorrente da interpretação, em especial, aquela realizada pelos poderes instituídos (interpretação orgânica).

O objetivo agora é entender a evolução da forma de interpretação das normas jurídicas, sobretudo as constitucionais, a partir da criação do Estado de Direito, no século XVIII, e seguirá avançando até o século XX e início do século XXI. Não se pode olvidar, entretanto, que mesmo antes do século XVIII, ou seja, durante a Antiguidade Clássica até a Idade Moderna, também havia pessoas ou órgãos responsáveis pela interpretação das normas jurídicas.

Na Roma Antiga[1], o Direito era visto como fenômeno divinal/sagrado, correspondendo ao exercício da ética, da prudência no ato de julgar. Deve-se considerar também que os romanos, a partir da sua visão pragmática, buscavam a solução de casos concretos para formulação de regras gerais. No que tange à administração da Justiça, destaca-se a atuação dos pretores romanos e dos jurisconsultos, responsáveis pela aplicação do Direito Romano[2]. Os

---

1 Os historiadores dividem os períodos romanos em realeza, república e império. A fundação de Roma ocorreu em 753 a.C., o que se atribui à figura de Rômulo, primeiro rei, e perdurou até 509 a.C. Após a monarquia, iniciou-se o período da República até o ano de 27 a. C., quando Otaviano Augusto instituiu o principado (alto império), período de grande expansão que perdurou até a ascensão de Diocleciano em 284 d.C. (baixo império). Posteriormente, com a morte de Teodósio I, houve a separação do império em Império do Oriente e Império do Ocidente. O Império do Ocidente teve seu fim em 476 d.C., ao passo que o Império do Oriente sobreviveu até o ano de 1453, momento em que Constantinopla foi invadida e tomada pelos turcos otomanos.

2 Além dos citados, registra-se a existência dos questores (classe de magistrado responsável pelas finanças públicas), censores (classe de magistrados encarregados da realização do cen-

pretores (espécie de magistrado romano eleitos pelo povo com mandato de 1 ano), responsáveis pela administração da Justiça na sociedade, examinavam a viabilidade de uma demanda judicial e encaminhavam as diretrizes a um julgador (iudex)[3]. Pode-se dizer que exerciam uma tripla atividade, ou seja, interpretação, integração e correção do *ius civile*. Ademais, os pretores expediam os *decreta*, na resolução de um caso particular, bem como os editos (*jus edicendi*), anunciando ao povo como se daria a Justiça no próximo ano e, especialmente, os casos que lhes seriam ou não submetidos.

De seu turno, os jurisconsultos eram os estudiosos do Direito que interpretavam as normas e emitiam pareceres jurídicos. Salienta-se que tal trabalho era muito semelhante à doutrina de hoje, não tendo caráter vinculante, mas sendo a base para o julgamento dos casos.

Ulteriormente, com a decadência do império romano, Justiniano empreendeu no sentido de unificar a legislação romana e concebeu o "Corpus Iuris Civilis" (reunião do "Codex", "Digesto", "Institutas" e "Novellae"), o que teve grande importância histórica, uma vez que tal compilação preservou toda a cultura romana, sendo, mais tarde, a base dos ordenamentos jurídicos ocidentais.

Na Idade Média, diante da fragmentação do Império Romano do Ocidente, o sistema jurídico ocidental também foi descentralizado. Cada feudo, sob a liderança do senhor feudal, aplicava suas respectivas leis locais (relativismo). A sistematização de outrora seria substituída por regras orais e costumes locais, sendo que o único poder que se manteve unificado, na Europa Ocidental, foi o da Igreja Católica Ocidental, pautado nos dogmas de fé. Neste período, o Direito é fruto de lei e da ordem divina, na qual o homem – imagem e semelhança de Deus –recebeu uma única lei: o livre-arbítrio, sendo que somente alcançaria a salvação, se sua vida estivesse em conformidade com essa lei e ordem divina[4].

Mais à frente, na baixa Idade Média, especialmente, em Bolonha, na Itália, surgiu a primeira instituição de ensino superior ocidental, cuja base de

---

so populacional e vigiar a população) e tribuno da plebe (representante dos plebeus que podiam, inclusive, vetar ações dos cônsules e outros magistrados para proteger os interesses da plebe).

3 ALVES, José Carlos Moreira. **Direito Romano**. 14ª edição. Rio de Janeiro: Forense, 2007. p. 189-201.

4 FERRAZ JUNIOR, Tércio Sampaio. **Introdução ao estudo do Direito: técnica, decisão, dominação**. 3ª edição. São Paulo: Atlas, 2001. p. 62

ensino foi o modelo greco-romano. Neste contexto, nasce a **escola dos glosadores,** cuja função era avaliar os textos da antiguidade clássica, procurando excluir suas contradições e apresentar uma concordância ("solutio"). Os glosadores, a partir da leitura do *Corpus Iuris Civilis* e, valendo-se de instrumentos retóricos (divisão do objeto no tempo e espaço, hierarquização dos textos e a divisão entre textos gerais e especiais)[5], extraiam princípios e regras gerais, com o intuito de tornar os casos clássicos verdadeiros paradigmas, ou seja, atribuindo ao Direito um caráter abstrato.

Adentrando o século XVI, a expansão das rotas comerciais; as expedições das grandes navegações e; o surgimento de uma burguesia mercantilista, foram decisivos para o processo de unificação do poder em torno de um monarca e a formação dos Estados Modernos, dotados de soberania absoluta, consoante prelecionavam os teóricos Jean Bodin[6] e Thomas Hobbes[7]. Basta recordar da insigne frase atribuída ao rei absolutista francês, Luis XIV, "L'État, c'est moi" ("O Estado sou eu").

Diante desses novos paradigmas, a visão sobre o Direito também foi alterada: o Direito antes visto como sagrado, sob a influência do racionalismo e do antropocentrismo, passa a ser encarado como **técnica (instrumento),** o que levou à busca pela sistematização do pensamento jurídico. No Estado Moderno instaurado, o foco do pensamento jurídico desloca-se da visão religiosa de adequação à ordem natural (moral/divina) para uma visão mais prática/humana, a fim de atingir soluções técnicas para o domínio da própria natureza[8]. Demais disso, em razão da soberania (unicidade do poder), o monarca era a própria personificação do Estado, sendo responsável também pela interpretação do Direito. Conquanto houvesse um corpo de magistrados para análise de questões jurídicas, evidentemente, a última palavra era do monarca absoluto.

Todavia, a concentração de poder nas mãos de uma única pessoa, levou a diversas arbitrariedades, desmandos que conflitaram diretamente com os interesses do povo, mais especificamente, com os interesses da burguesia que,

---

5 Ibidem. p. 62.

6 Jean Bodin (1530-1679), autor da obra "Os Seis livros da República", na qual desenvolveu o conceito de soberania.

7 Thomas Hobbes (1588-1679), autor da obra "Leviatã", defendo a existência de um Estado Absoluto em sua soberania.

8 FERRAZ JUNIOR, Tércio Sampaio. **Introdução ao estudo do Direito: técnica, decisão, dominação.** 3ª edição. São Paulo: Atlas, 2001. p. 66.

ao longo dos anos, ascendeu economicamente e almejava o poder político. Neste contexto, no século XVII (Inglaterra) e XVIII (EUA e França), a burguesia antes desprestigiada, influenciada pelas ideias iluministas, deu início às revoluções liberais, cujo escopo essencial era limitar o poder do monarca. Funda-se, então, o **Estado de Direito** ("Rule of Law"), sob a égide de uma Constituição (na maioria dos países, um documento formal, salvo o caso inglês), que estabelecia um rol de direitos e liberdades individuais e, ainda, limitava o poder, separando-o em competências[9].

Em linhas gerais, o Legislativo ficou a cargo do Parlamento, órgão composto de representantes da população, fato que, inclusive, tornou a lei a expressão máxima do Direito, eis que fruto dos representantes da população. O Executivo coube ao monarca, ao presidente da República ou um órgão múltiplo. Por fim, o Judiciário seria exercido por magistrados e tribunais, dotados de expertise jurídica, para solução dos conflitos mediante aplicação da lei ao caso concreto.

Em suma, o Estado de Direito – "Rule of Law" (Estado da Legalidade[10]) concretizou-se com a conquista do espaço político pela população (burguesia) e com a escolha de representantes no Parlamento, no qual eram editadas as normas de regulamentação da sociedade, assegurando **segurança às relações jurídicas.** Registra-se, pois, que essa mudança de eixo, em considerar a lei vetor primordial das normas, refletiu em muito na forma de interpretação do Direito, como será apresentado.

2.1 RACIONALISMO E FORMALISMO JURÍDICO: A SUPREMACIA DO PARLAMENTO E DA LEI

O contexto de formação do Estado de Direito Liberal é essencial para se compreender a forma de interpretação das normas conforme a sociedade da época. A sociedade liberal adotou a crença de que os governantes, pelo uso

---

9 Deve-se a John Locke a concepção da divisão de poderes, como meio de garantia dos valores da sociedade, em Poder Legislativo, Poder Executivo e Poder Federativo, conforme o Capítulo XII do "Segundo Tratado sobre o Governo". Contudo, a divisão mais famosa (Legislativo, Executivo e Judiciário) foi transcrita por Montesquieu na obra "Espírito das Leis".

10 JUNQUEIRA, Michelle Asato; PINTO, Felipe Chiarello de Souza. **Teoria da Constituição: a formação do Estado Constitucional e o constitucionalismo brasileiro**. São Paulo: Editora Mackenzie, 2018. p. 28.

da razão universal, seriam capazes de projetar uma sociedade melhor e mais evoluída, ou seja, acreditava-se que a elite intelectual, que assumiu o poder, teria condições de planejar um futuro promissor à nação. Toda a construção do Estado liberal teve por base a doutrina jusnaturalista que, neste período, caracteriza-se como **jusnaturalismo racional** que, segundo Tércio Sampaio Ferraz Junior, significa:

> [...] que o jurista da era moderna, ao construir os sistemas normativos, passa a servir aos seguintes propósitos, que são também seus princípios: a teoria instaura-se para o estabelecimento da paz, a paz do bem-estar social, a qual consiste não apenas na manutenção da vida, mas da vida mais agradável possível. Por meio de leis, fundamentam-se e regulam-se ordens jurídicas que devem ser sancionadas, o que dá ao direito um sentido instrumental, que deve ser captado como tal. As leis têm um caráter formal e genérico, que garante a liberdade dos cidadãos no sentido da disponibilidade[11]".

Frisa-se que, até o século XVIII, o direito natural foi doutrina prevalente, porquanto os direitos eram compreendidos como inerentes ou inatos ao homem (ex.: vida, liberdade), sendo a base do formalismo jurídico e do racionalismo. Somente a partir do século XIX, em virtude da preponderância do positivismo jurídico, o Direito é reconhecido como fruto de um ordenamento positivado (direito posto) por uma autoridade, ou seja, reconhece-se que é Direito aquilo posto pelo Estado ou por ele reconhecido (monismo). Não significa que antes não havia normas previstas pelo Estado, mas dava-se a prevalência ao Direito Natural. Aliás, dessa passagem, Tércio Sampaio afirma que a dicotomia direito natural-direito positivo acaba enfraquecida em virtude da positivação dos direitos inerentes nas Constituições, passando a denominar-se direitos fundamentais[12].

De qualquer forma, a lei, como expressão da razão universal, foi considerada a fonte primordial do Direito e, logo, deveria ser interpretada à luz da intenção de seu criador (homem – legislador). Na obra "A Razão na História", Hegel enfatiza que o homem, em seu estado natural, fica entregue aos impulsos, às paixões, aos desejos, sendo que só a lei pode lhe garantir a liberdade e só o Estado com normas universais pode assegurar essa estabilidade da sociedade. Vejamos:

---

11 FERRAZ JUNIOR, Tércio Sampaio. Op. cit., p. 69.

12 FERRAZ JUNIOR, Tércio Sampaio. Op. cit., p. 168-170.

> Assim, a limitação de impulso, desejo, paixão — que pertence apenas ao indivíduo particular como tal — de capricho e deliberação, é considerada uma limitação da liberdade. Ao contrário, esta limitação é a própria condição que leva à emancipação; a sociedade e o Estado são exatamente as condições em que a liberdade se realiza
>
> [...]
>
> Uma comunidade que adquire uma existência estável e se eleva a Estado exige mais do que simples mandatos subjetivos de governo, que bastam apenas às necessidades do momento. Ela exige regras, leis, normas universais e universalmente válidas[13].

O excerto acima deixa claro que a lei é o meio de tornar viável, estável a sociedade e garante, assim, a liberdade dos indivíduos (direito natural). Essa é a essência do Estado de Direito. Todavia, ainda que a ideia central seja de primazia da lei, a construção dos Estados liberais variou no tempo e no espaço. Por tal motivo, nesta pesquisa, serão abordadas as expressões do movimento na Europa (Inglaterra, França e Alemanha), bem como nos Estados Unidos da América.

2.1.1 Europa - Inglaterra, França e Alemanha

O movimento liberal inglês decorreu da Revolução Gloriosa (1689) que levou à edição do denominado "Bill of Rights", documento responsável pela limitação dos poderes dos monarcas. No contesto político e religioso da revolução, uma vez deposto o, então, rei Jaime II, os novos monarcas, Guilherme de Orange e Maria Stuart, antes de serem coroados, submeteram-se às determinações impostas pelo Parlamento inglês, tais como a vedação de suspender ou alterar leis; de aumentar tributos e/ou; de manter o exército em tempos de paz, sem o consentimento do Parlamento.

Com esta série de imposições, o Parlamento inglês tornou-se o órgão **político central** do país, deixando o monarca como um executor das leis e que, mesmo assim, dependia da autorização parlamentar para implementá-las. A lei como norma oriunda do Parlamento era, então, a expressão máxima dessa limitação do poder – a legalidade imperava, isto é, o Estado não se

13 HEGEL, Georg Wilhelm Friedrich. **A Razão na História: Uma Introdução Geral** à Filosofia da História. Introdução de Robert S. Hartman. Tradução de Beatriz Sidou. 2. ed. São Paulo: Centauro, 2001. p. 91-92 e 111.

submetia mais à vontade real, mas sim à vontade do Parlamento que seria a expressão da vontade da nação, consoante expôs John Locke ao reconhecer a supremacia do Parlamento:

> O poder legislativo não é, pois, somente o poder supremo da comunidade, mas sagrado e intocável nas mãos a que a comunidade o confiou; nem pode um edito, seja de quem for, concebido de qualquer modo ou apoiado por qualquer poder, ter a força e a validade de lei se não tiver a sanção do legislativo eleito pela comunidade; faltando isto, a lei não teria o que é imprescindível à sua natureza de lei: o consentimento da sociedade sobre a qual ninguém tem o poder de legislar, a não ser por seu próprio consentimento e autoridade que outorga[14].

O excerto de Locke reflete bem a visão de primazia desse órgão legislativo que recebeu seus poderes diretamente da própria comunidade. Aliás, extrai-se, também, prisma contratualista que permeia a doutrina do autor inglês. Ademais, embora tenha apresentado um modelo de separação de poderes, para Locke os poderes não estavam no mesmo patamar. Ao contrário, ele pressupunha que o Legislativo era o poder máximo, porquanto o responsável pela elaboração das leis válidas para todos os membros da sociedade[15].

Com efeito, a lei era muito mais valorizada que as normas constitucionais, sem se descuidar que a Inglaterra não possui um texto constitucional único e codificado, mas sim há diversos dispositivos esparsos sobre a estrutura e organização do Estado.

Com base nesse cenário político e jurídico, no século XIX, é fundada na Inglaterra, a **Escola Analítica de Jurisprudência,** sendo um de seus maiores expoentes, **John Austin** (1790-1859), teórico foi bastante influenciado pelas ideias de Jeremy Bentham (1748-1832), grande admirador da codificação. A aludida escola adotou a tese da separação do direito positivo e da ordem moral, ética, cabendo ao intérprete **apenas se pautar pelas leis emanadas do próprio Estado e não pelos valores éticos das normas – separação do Direito e da Ética.**

Pelo fato do sistema inglês ser desprovido de documento constitucional unificado, a escola analítica buscou reunir e sistematizar as regras consuetu-

---

14 LOCKE, John. **Segundo Tratado sobre o Governo.** Tradução de Alex Marins. São Paulo: Martin Claret, 2002. p. 90

15 Ibidem. p. 102.

dinárias dos tribunais (precedentes judiciais). Ressalta-se que Austin deu maior relevância, em sua teoria, à figura do soberano, compreendendo que a lei é um ato de superioridade imposto aos súditos e que prevê uma sanção, caso não seja obedecida, ideia que vai ao encontro das ideais de Jean Bodin (1530-1596) e Thomas Hobbes (1588-1679), mas contrária à representatividade nacional ou popular.

Nada obstante, Austin reconhece que, na prática, há a emissão de comandos pelos juízes (direito judicial) e que podem, até mesmo, criar o direito. Mesmo assim, sua teoria prestigia o denominado direito legislativo em detrimento do direito judiciário. Norberto Bobbio, avaliando a teoria de Austin, apresenta os seguintes pontos que evidenciam o maior prestígio ao direito legislativo: *1) o direito judiciário é menos acessível ao conhecimento que o legislativo; 2) o direito judiciário é produzido com menor ponderação do que o legislativo, pois o primeiro é elaborado de forma apressada nos despachos judiciários, ao passo que o segundo decorre de madura deliberação; 3) o direito judiciário é, em geral, emitido* post facto; *4) o direito judiciário é vago e incoerente em relação ao direito legislativo, eis que se dilui nos vários documentos elaborados, bem como torna mais difícil de se extrair os casos gerais/abstratos; 5) há dificuldade em certificar a validade das normas de direito judiciário, pois vários juízes podem aplicar a mesma regra em locais distintos de forma distinta; 6) o direito judiciário é difícil de se compreender, pois não disciplina categorias abstratas de fatos, mas sim casos concretos e; 7) o direito judiciário não é autossuficiente, necessitando ser emendado por normas legislativas, o que acarreta um sistema híbrido de difícil integração*[16].

De acordo com as considerações de Bobbio, observa-se a crítica sobre a falta de critérios objetivos das decisões emanadas dos magistrados, razão pela qual, Austin enfatiza que o direito judiciário deve ser substituído por uma forma superior – a codificação, que teria, em tese, o condão de regular todas as relações sociais, garantindo-se a segurança jurídica. E, sendo assim, ao intérprete caberia apenas realizar um processo dedutivo, ou seja, partir do abstrato (norma) ao concreto (fato), não sendo permitido ao intérprete cogitar a respeito de valores éticos, morais, campo restrito aos legisladores e filósofos.

Em síntese, a lei sendo abstrata, genérica, é concebida como instrumento válido para garantir a estabilidade das relações jurídicas. A Escola Analítica marca a transição de uma concepção jusnaturalista para a concepção positivista do Direito, com uma maior preocupação em definir conceitos abstratos

16 BOBBIO, Norberto. Op. cit., p. 111-112.

da própria ciência jurídica, tendo grande apreço pela sistematização, considerando o direito a norma posta pelo Estado soberano.

De outra vertente, na França, a burguesia revolucionária, inspirada pelas ideias de Locke, Montesquieu e de Rousseau[17], derrubaram a monarquia absoluta de Luís XVI e instaurou a Assembleia Nacional Constituinte, promulgando a **Constituição de 1791**, texto que também assegurou a preponderância do Parlamento (Legislativo), conforme se extrai dos artigos 1° a 4° do Título III:

> Artigo 1. A Soberania é una, indivisível, inalienável e imprescritível. Ela pertence à Nação e nenhuma parte do povo nem indivíduo algum pode atribuir-se o exercício.
> Artigo 2. A Nação é a única da qual emanam todos os poderes, mas não pode exercê-los senão por delegação. A Constituição francesa é representativa: os representantes são os Corpos legislativos e o Rei.
> Artigo 3. O poder legislativo é delegado a uma Assembléia Nacional composta por representantes temporários, livremente eleitos pelo povo, para ser por ela exercido, com a sanção do Rei, da maneira que será determinada logo em seguida.
> Artigo 4. O poder judiciário é delegado a juízes eleitos pelo povo[18].

Aqui também o fortalecimento do Parlamento, configura-se como um movimento de eixo totalmente oposto ao regime anterior (absolutista monárquico). Os revolucionários procuraram se proteger de qualquer tentativa de retomada da antiga ordem imbuídos dos ideais da razão universal, da supremacia da lei, os teóricos, refutaram as concepções ligadas à teologia (jusnaturalismo teológico), ainda resquício da Idade Média, construindo a tese do jusnaturalismo racional. Nesse período, surge a crença de um **legislador racional** que teria a capacidade de disciplinar sobre tudo, bem como a lei, fruto de seu trabalho, abarcaria todos os fatos jurídicos, resultando na era da codificação.

---

17 Rousseau teve sua contribuição ao definir em sua obra "Do Contrato social", que a soberania é popular e não da nação, conforme afirmava Sieyès.

18 UNIVERSIDADE FEDERAL DE MINAS GERAIS (UFMG). **Textos e documentos da disciplina História Contemporânea. Departamento de História**. Disponível em: http://www.fafich.ufmg.br/~luarnaut/const91.pdf. Acesso em: 10-12-2019, às 16h30.

O auge se deu com a instituição do **Código Civil Napoleônico (1804)** que consolidou as conquistas burguesas daquele período. Consoante Paulo Bonavides, "[...] o poder já não é de pessoas, mas das leis. [...] A legalidade é a máxima de valor supremo e se traduz com toda energia no texto dos Códigos e das Constituições[19]". A respeito do Código Napoleônico, o constitucionalista do Império Brasileiro, Pimenta Bueno (1803-1878), afirmava, à época, que o código francês tem atravessado e atravessará revoluções, sendo um grande templo onde estão abrigados e seguros os direitos civis dos franceses[20].

Também, na mesma linha, Eugenio Facchini Neto sustenta que a função do Código napoleônico acaba sendo maior que dos textos constitucionais franceses, porquanto regulava os principais direitos da sociedade – *família, propriedade e contrato* – tudo aquilo que era de grande relevo para a burguesia, senão vejamos:

> O Código Civil francês exerceu, durante muito tempo, uma função semi-constitucional, pois as estruturas jurídicas mais caras à sociedade burguesa estavam previstas e reguladas mais naquele código do que nas inúmeras constituições que a França teve[21].

Essa visão racional no âmbito jurídico, na França, resultou na criação da **Escola da Exegese ou Escola filológica,** maior expoente da corrente jusnaturalista racional que predominou durante o século XIX. Os teóricos da Exegese compreendiam que, sendo a lei a expressão da vontade geral (plenitude da lei), os intérpretes, especialmente, o Poder Judiciário apenas deveria aplicar o direito ao concreto, valendo-se, preferencialmente, de uma interpretação gramatical-literal, ou seja, o mais fiel possível ao texto escrito. Firmou-se a expressão de que o juiz seria boca através da qual a lei fala ("bouche de la loi"). Caso contrário, o intérprete estaria a legislar, o que não era admitido.

Vale registrar que, no período de turbulência que vivia a França nos séculos XVII e XIX, havia muita desconfiança em relação aos magistrados,

---

19 BONAVIDES, Paulo. **Teoria Geral do Estado**. 9ª edição. São Paulo: Malheiros, 2012. p. 43.

20 BUENO, José Antonio Pimenta. **Direito Publico Brazileiro e Analyse da Constituição do Império**. Rio de Janeiro: Typographia Imp. e Const. de J.Villeneuve E C, 1857. p. 69

21 FACHINI NETO, Eugenio. Code Civil francês: gênese e difusão de um modelo. *In*: **Revista de Informação Legislativa**. Ano 50, número 198, abr.-jun., 2013. p. 71.

visto, ainda, como representantes do antigo regime. Por tal razão que, com a supremacia do Parlamento (Legislativo) e limitação do Executivo, ao Poder Judiciário coube a mera aplicação da lei ao caso concreto. Na prática, tratava-se de pura aplicação silogística (lógica formal), consistente em tomar uma premissa maior (lei); uma premissa menor (caso concreto/fatos) e realizar a síntese (decisão judicial).

O **artigo 4º** do Código Napoleônico expressa bem a postura formalista (mecânica), obrigando o magistrado a julgar, sob pena de responder pela omissão (vedação ao *non liquet*), conforme segue: "O juiz que se recusar a julgar sob o pretexto do silêncio, da obscuridade ou da insuficiência da lei, poderá ser processado como culpável de justiça denegada". O objetivo foi evitar uma postura absenteísta por parte do Judiciário, o que ocorria com frequência. Juízes não julgavam e remetiam o caso ao Legislativo para que fossem criadas as normas necessárias[22].

Obviamente que, em não raros casos, os magistrados não encontravam a resposta no texto escrito, isto é, havia lacunas no texto, razão pela qual passaram a se voltar à **vontade do legislador** que criou a norma. Em outras palavras, vislumbrar a intenção do legislador no momento da concepção da norma era o modo mais seguro e completo para resolver um conflito. Contudo, há extremamente difícil de ser vislumbrar na prática. Mesmo porque, não necessariamente, aquilo que foi pensado pelo legislador acabou sendo fielmente expresso no texto legal. Aliás, Bobbio, na obra Positivismo Jurídico, traz a seguinte consideração:

> É perfeitamente coerente com os postulados fundamentais da escola da exegese: se o único direito é aquele contido na lei, compreendida como manifestação escrita da vontade do Estado, torna-se então natural conceber a interpretação do direito como a busca da vontade do legislador naqueles casos (obscuridade ou lacuna das leis)[23].

A Escola da Exegese contou com diversos autores como Melville, Delvincourt, Demante, Marcadé, Bugnet, Huc, Aubry et Rau, Laurent,

---

22 BOBBIO, Norberto. **Positivismo Jurídico: Lições de Filosofia do Direito**. Compiladas por Nello Morra. Tradução e notas de Márcio Pugliesi, Edson Bini e Carlos E. Rodrigues. São Paulo: Ícone, 1995. p. 77.

23 BOBBIO, Norberto. Op. cit., p. 87.

Demolombe, Pothier, Troplong, Duranton, Baudry-Lacantinerie e Blondeau. De todo modo, pode-se resumir bem o seu espírito legalista e fiel ao Código napoleônico, na afirmação atribuída a Bugnet: "Eu não conheço o Direito Civil, eu ensino o Código de Napoleão".

Na forma como arquitetada, a Escola da Exegese não escapou de inúmeras críticas em relação à forma de interpretação e aplicação do Direito. Compreender que o Direito e lei são semelhantes e que o intérprete deve, simplesmente, aplicá-las em considerar outros fatores, torna o texto normativo obsoleto, retrógrado e alheio à realidade e às transformações sociais. Não bastasse, a busca pela vontade do legislador condiciona o próprio entender do direito à vontade de determinadas pessoas ou grupos, o que não, necessariamente, refletirá a vontade dos representados que se tornarão os destinatários do texto normativo, críticas essas que, mais tarde, levaram à superação dos ideais da Escola de Exegese.

Dessa forma, sendo certo que a Constituição deve ser entendida como dinâmica, o apego demasiado à letra da lei, muitas vezes, pode gerar injustiças, fraudes e petrifica a própria existência constitucional, impedindo o avanço da sociedade. Há necessidade sim de se considerar a acepção gramatical, mas aliada aos demais elementos interpretativos como a história, a lógica e o sistema normativo etc. Do contrário, a cada nova mudança social (realidade = ser), seria necessário um novo texto basilar.

Por fim, dentro das escolas formalistas, resta mencionar a **Escola dos Pandectistas,** originada na Alemanha, tendo como seu maior corifeu Bernhard Windscheid (1871-1892), contando, também, com as contribuições de Christian Friedrich Von Gluck (1755-1831), Alöi Von Brinz (1820-1887) entre outros.

Essa escola pregava que o Direito deve ser considerado como um conjunto de normas positivas, ou seja, dava-se maior atenção à norma legal, negando os conceitos, fundamentos abstratos ao Direito. Foi denominada de Escola do Pandectistas, porquanto seus pensadores voltaram seus estudos ao *Corpus Iuris Civilis* dos antigos romanos, mais especificamente, ao "Pandectas" que previa a suma do direito romano.

Em razão do maior apego à lei posta, a escola demonstra certa rejeição às doutrinas jusnaturalistas que marcaram o início do Estado Liberal, passando a valorizar mais os costumes jurídicos decorrentes da tradição, razão pela qual se admitia, inclusive, uma interpretação mais elástica das normas do que aquela formulada pelos exegetas. Segundo Herkenhoff, "foi Windscheid quem colocou o problema da interpretação em termos de 'intenção possível do legislador', não no seu tempo, mas na época em que se processasse o trabalho interpretativo[24]".

Dessa forma, a escola mostrou certo progresso na maneira de analisar o Direito, em relação comparação com a Escola da Exegese, pois o intérprete que se deparasse com mais de uma interpretação do texto normativo poderia optar por aquela que mais adequasse aos fatos presentes e não à intenção histórica do legislador.

2.1.2 Estados Unidos da América

O contexto histórico europeu conduziu os países, no sentido de valorizar o Parlamento e a lei. No entanto, ao analisar a formação dos Estados Unidos, verifica-se que a criação do Estado Liberal foi distinta.

Com a independência e a união das 13 (treze) colônias inglesas em 1776, surgiu o país denominado Estados Unidos da América (EUA), sendo que o objetivo primordial dos colonos não era a limitação e o combate a um poder absoluto do monarca. Pelo contrário, almejavam evitar eventual tirania do Poder Legislativo e fundar uma nova sociedade onde pudessem, inclusive, professar sua fé sem receio de perseguições.

Vale destacar que um dos motivos que conduziu ao rompimento com a metrópole foi exatamente o excesso de leis britânicas, oriundas do Parlamento, em especial, em relação à tributação e à restrição de atividades econômicas. Indignados, os colonos guerrearam pela libertação e decidiram que todos os poderes estatais deveriam ser limitados, no entanto, harmônicos, de modo que um fiscalizaria o outro (sistema de freios e contrapesos).

Desse modo, os Estados Unidos surgiram como um Estado Liberal, edificado sobre uma Constituição sintética (1787), adotando a forma federativa de Estado, a forma republicana de governo e o sistema presidencialista de governo. A estrutura estatal foi fundada na separação clássica de poderes – Legislativo, Executivo e Judiciário. O Legislativo (dividido em Câmara dos Deputados e Senado Federal) e Executivo eram formados por pessoas eleitas pelo **voto popular**, o que, ao menos no processo de escolha, traz maior legitimidade e representatividade ao governo eleito. De seu turno, o Judiciário, consoante o artigo 3°, seção I, da Constituição americana, "será investido em uma Suprema Corte e nos tribunais inferiores que forem oportunamente

24 HERKENHOFF, João Batista. **Como Aplicar o Direito**. 11ª edição rev. ampl. e atualizada. Rio de Janeiro: Forense, 2007. p. 38.

estabelecidos por determinações do Congresso"[25], ou seja, são representados por magistrados – corpo técnico que podem ser indicados pelo Executivo (federal ou estadual, com aval do Legislativo), ou, conforme o Estado-membro, eleitos pela população.

Nesta lógica da construção do estado americano, nota-se que a Constituição tornou-se o diploma jurídico mais relevante, afastando-se, neste caso, a tese da supremacia do Parlamento, sendo que o texto constitucional possui força normativa sobrepondo-se às leis. Nesse sentido, a obra clássica "Os Federalistas" já apresentava essa supremacia constitucional, conforme trecho abaixo transcrito:

> Não há posição fundada em princípios mais claros que aquela que todo ato de um poder delegado que contrarie o mandato sob o qual é exercido é nulo. Portanto, nenhum ato legislativo contrário à Constituição pode ser válido. Negar isto seria afirmar que o delegado é maior que o outorgante; que o servidor está acima do senhor; que os representantes do povo são superiores ao próprio povo; que homens que atuam em virtude dos poderes a eles confiados podem fazer não só o que estes autorizam, mas o que proíbem[26].

Além disso, salienta-se que os Estados Unidos foram construídos seguindo um modelo estatal previsto e querido pelos fundadores e, por tal razão, pode-se dizer que a própria população (termo usado de forma genérica, visto que nem todos eram considerados cidadãos) cedeu seu poder aos governantes e não este que cedeu em favor do povo. Tanto foi assim que o juiz Warren Burger[27]da Suprema Corte Americana afirmou que:

> A constituição representou não uma concessão de poder dos governantes aos governados – como o Rei João sem Terra concedeu a Magna Carta em

25 ESTADOS UNIDOS DA AMÉRICA (EUA). **Constituição [1787]**. Constituição dos Estados Unidos da América. Disponível em: https://www.senate.gov/civics/constitution_item/constitution.htm. Acesso em: 12-12-2019, às 13h20.

26 MADISON, James; HAMILTON, Alexander; JAY, John. **Os artigos federalistas – 1787-1788**. Apresentação Isaac Karmnick. Tradução de Maria Luiza X. de A. Borges. Rio de Janeiro: Nova Fronteira, 1993. p. 480.

27 Warren Earl Burger (17 de setembro de 1907 - 25 de junho de 1995) foi Presidente da Suprema Corte dos Estados Unidos, de 1969 a 1986.

Runnymede em 1215 – mas uma delegação de poder feita pelo povo ao governo que criou.

Fica claro, destarte, que os estadunidenses fundaram seu país, concebendo a Constituição como norma superior, embora não estivesse explícito no texto e a própria doutrina assim não reconhecia. De todo modo, anos mais tarde, relembra-se que, em 1803, John Marshall, na presidência da Suprema Corte, no caso "Marbury vs. Madison" assentou de forma clara a **supremacia constitucional**. E mais, explicitou o exercício do controle de constitucionalidade pelo Poder Judiciário ("judicial review").

No que tange à interpretação, o Judiciário americano, no século XVIII, dentro do sistema da *Commow Law*, conquanto estivesse incumbido de resolver casos concretos, tinha como missão respeitar primeiramente à Constituição, de modo que se uma lei contrariasse o texto constitucional, deveria ser reconhecida como inconstitucional. É bem da verdade que a Suprema Corte americana demorou anos para reconhecer a inconstitucionalidade de outra lei federal[28], entretanto, não se afasta o poder que lhe foi atribuído[29]. Essa constatação acerca do Judiciário foi bem apontada por Tocqueville, conforme trecho a seguir:

> Nos Estados Unidos, a constituição domina tanto os legisladores como os simples cidadãos. Ela é, pois a primeira das leis e não poderia ser modificada por uma lei. Assim é justo que os tribunais obedeçam à constituição, de preferência a todas as leis. Isso decorre da própria essência do poder judiciário: escolher entre as disposições legais as que o encadeiam mais estreitamente é, de certa forma, o direito natural do magistrado.
>
> Os americanos confiaram, pois a seus tribunais um imenso poder político, mas, obrigando-os a só criticar as leis por meios judiciários, diminuíram muito os perigos desse poder.

---

28 Caso "Scott versus Sandford", em 1857, sob a Presidência do Chief Roger Taney, no qual se definiu que os escravos ou, os seus descendentes, quer fossem ou não escravos, não eram considerados cidadãos.

29 BARBOSA RAMOS, Paulo Roberto; OLIVEIRA JUNIOR, Jorge Ferraz de. Características do ativismo judicial nos Estados Unidos e no Brasil: um breve histórico do ativismo judicial na Suprema Corte Norte-Americana e um paralelo com o recente ativismo judicial da Suprema Corte brasileira. *In*: **Revista de Informação Legislativa**. Brasília. ano 51. Número 204, out./dez. 2014. p. 32. Disponível em: https://www12.senado.leg.br/ril/edicoes/51/204/ril_v51_n204_p25.pdf. Acesso em: 20-10-2019, às 12h10.

> Se o juiz tivesse podido criticar as leis de maneira teórica e geral; se pudesse tomar a iniciativa e censurar o legislador, teria entrado rumorosamente na cena política; tornando-se expoente ou adversário de um partido, teria chamado todas as paixões que dividem o país a tomar parte na luta. Mas, quando o juiz critica uma lei num debate obscuro e sobre uma aplicação particular, oculta em parte a importância do ataque aos olhos do público. Sua decisão tem por objetivo unicamente atingir um interesse individual; a lei só é ferida por acaso[30].

Enfim, a América trouxe uma nova experiência na forma de organização e interpretação dos textos jurídicos, priorizando a valorização do texto constitucional e de sua força normativa, o que reforçou, mais tarde, a força dos princípios constitucionais. Expostas as escolas formalistas, no tópico seguinte, compreender-se-á os motivos que levaram ao surgimento de uma linha crítica a elas.

2.2 TRANSFORMAÇÕES SOCIAIS DO SÉCULO XIX - CRÍTICA AO FORMALISMO E REAÇÃO ÀS ESCOLAS FORMALISTAS

O apego demasiado ao formalismo e à consideração da lei como a norma mais importante do ordenamento jurídico, diante da mudança de paradigmas decorrentes da Revolução Industrial (séculos XVIII e XIX), mostrou-se insuficiente para a aplicação das leis e solução dos conflitos. A lei e os códigos, bem como a interpretação literal não mais conseguiam prever e regulamentar todas as relações jurídicas, o que resultou no aparecimento de lacunas jurídicas. Neste contexto, a doutrina, a fim de buscar respostas à sociedade, passa a tecer duras críticas ao formalismo, o que leva à criação do pensamento antiformalista, exteriorizado pela **Escola Histórica e Escola Teleológica.** As críticas, segundo Luís Roberto Barroso, pautam-se nos seguintes pontos:

> "(i) a reação à crença de que o Direito poderia ser encontrado integralmente no texto da lei e nos precedentes judiciais; (ii) a rejeição da tese de que a função judicial seria meramente declaratória, para reconhecer, ao contrário, que em diversas situações o juiz desempenha um papel criativo;

---

30 TOCQUEVILLE, Alexis de. **Democracia na América.** Tradução Eduardo Brandão. 2a ed. - São Paulo: Martins Fontes, 2005. p. 115-116.

e (iii) a compreensão da importância dos fatos sociais, das ciências sociais e da necessidade de interpretar o Direito de acordo com a evolução da sociedade e visando à realização de suas finalidades[31]".

No que diz respeito à Escola Histórica, surgida no século XIX, é possível subdividi-la em duas vertentes: **Escola Histórico-Dogmática** e **Escola Histórico-Evolutiva**. A Escola Histórico-Dogmática, também conhecida como Escola Histórica Alemã, iniciou no século XIX, tendo como membros o jurista alemão Gustav Hugo (1764-1844); Friedrich Carl Von Savigny (1779-1861) e Georg Friedrich Puchta (1798-1846).

Para Savigny, o Direito não poderia ser compreendido como regras imutáveis, genéricas que de algum modo são impostas a todos, mas sim que o Direito estaria pautado no "espírito do povo" ("Volkgeist"), isto é, na própria cultura da sociedade (universalidade). Logo, ao interpretar a norma, seria essencial compreender não apenas a intenção do legislador (o que ele queria), mas essa intenção deveria ser avaliada dentro de consciência coletiva daquele povo. E, caso surgisse um conflito entre o texto jurídico e a tal expressão coletiva, caberia ao aplicador optar por esta fonte mais profunda e ampla, a fim de resolver o caso concreto.

Ademais, na linha preconizada por Savigny, o verdadeiro criador do Direito não seria o legislador, e sim o próprio povo (seus costumes, tradições). O Direito seria um produto da História, variando de acordo como tempo e espaço[32]. Os partidários da escola histórica, no intuito de descobrir o "espírito do povo", voltaram-se para as bases do Direito Romano; há, portanto, uma busca ao passado para a compreensão atual do Direito. Por tal razão, o intérprete deveria valer-se do elemento histórico, lógico e sistemático, além do gramatical para extrair a norma do texto. Todavia, vale frisar que a escola não admitia uma interpretação criativa do direito, na qual o magistrado/intérprete saísse das balizas legais.

Deve-se, ainda, considerar que Savigny construiu sua teoria em momento anterior à unificação alemã, ou seja, não havia um Estado centralizado, como era a França e a Inglaterra o que, inclusive, não permitiu a criação de uma codificação ao povo alemão. Por fim, oportuno mencionar que o deno-

---

31 BARROSO, Luís Roberto. **Curso de Direito Constitucional Contemporâneo: os conceitos fundamentais e a construção do novo modelo**. 4ª edição. São Paulo: Saraiva, 2013. p. 299

32 BOBBIO, Norberto. **Positivismo Jurídico**. p. 51

minado "espírito do povo" é termo bastante vago, de modo que se pode indagar: a *quem compete dizer o que é espírito do povo?* Em última análise, verifica-se que as universidades (polo cultural), a doutrina e os teóricos definiriam tal preceito, o que permite questionar se a interpretação seria efetivamente histórica ou, na verdade, doutrinária, e mais, se efetivamente, representaria o povo. Infere-se que a representação popular seria indireta, baseada naquilo que a própria doutrina propunha.

Posteriormente, na busca de superar os métodos da vertente originária, surge a **Escola Histórico-Evolutiva** (Escola Atualizadora do Direito), criada na França por Raymond Saleilles, também no século XIX, cujo objetivo era interpretar o Direito de modo a mantê-lo atual. Para tanto, não há razão para se manter vinculado à intenção do legislador, como lecionavam os formalistas. A ideia central era vislumbrar o que o legislador quereria se estivesse no momento presente, de modo que o Direito pudesse acompanhar as transformações sociais (adaptação da lei aos novos tempos). De outro modo, há aplicação da interpretação evolutiva por parte desta escola.

De acordo com Herkenhoff, "caberia ao juiz conciliar a ideia da regra com a ideia de evolução, conservando a vida da lei através de sua adaptação à realidade e às mudanças sociais"[33]. Nota-se que a escola mantém a lei como o ponto de partida, mas busca evoluir a forma de interpretá-la. Ocorre que tanto a escola histórica quanto a histórico evolutiva, conquanto tenham trazido uma interpretação jurídica mais abrangente, não conseguiram apresentar soluções para os problemas das lacunas do direito, vez que trabalham mais com ampliação da interpretação e não casos de ausência de norma.

De seu turno, também no século XIX, encontra-se a **Escola Teleológica**, tendo como precursor **Rudolph Von Ihering** (1818-1892), jurista alemão. Para esta escola, o Direito teria uma finalidade, ou seja, o direito existiria para servir aos **fins sociais** e não apenas aos conceitos ou às formas. Sob esse prisma, foge-se da busca da vontade do legislador e parte-se para ideia de que o intérprete deve seguir o que é melhor para a sociedade na aplicação da norma jurídica. Nesse sentido, o próprio Ihering preleciona:

> Vimos que o fim dos atos do ser animado reside na realização de suas condições de existência. Partindo dessa definição, podemos dizer que o direito

33 HERKENHOFF, João Batista. **Como aplicar o Direito.** 7ª ed. rev e ampl. Rio de Janeiro: Forense: 2011. p. 43.

representa a forma de garantia das condições da vida da sociedade, assegurada pelo poder coativo do Estado[34].

Ihering, também, enunciou que o direito é **luta**, só tendo significado quando expressa esses conflitos sociais, tendo por objetivo a resolução deles. Nesse sentido, "a vida do direito é uma luta – uma luta dos povos, do poder estatal, das classes e dos indivíduos[35]". Ademais, o jurista alemão foi grande crítico da aplicação silogística, louvada pelos formalistas (da jurisprudência dos conceitos e do pensamento pandectista), defendendo que o intérprete não deve apenas aplicar a norma ao caso concreto, mas sim apurar se há uma finalidade social neste ato de subsunção – **interpretação teleológica**.

Conquanto as teses da escola tenham sido bastante desenvolvidas na Alemanha, a Escola Teleológica também encontrou coro nas ideias do belga **Paul Van der Eycken,** segundo o qual a finalidade social do Direito permite "introduzir os valores sociais no raciocínio e animar pelos interesses da vida as fórmulas abstratas do direito[36]".

Tanto a Escola História quanto a Escola Teleológica tiveram sua importância no desenvolvimento da Hermenêutica, pois apresentaram a expansão dos métodos interpretativos dos textos jurídicos, fugindo da simples aplicação gramatical e lógica como pregavam os formalistas. De qualquer forma, a lei ainda consistia em seu ponto de partida, não desconsiderada.

Nada obstante, novas correntes de pensamento foram sendo concebidas, levando ao surgimento de escolas que propuseram uma interpretação mais livre das normas jurídicas, dando ao aplicador uma função criativa. Dentre elas, sobressaem a **Escola da Livre Pesquisa Científica, a Escola do Direito Livre, a Escola Sociológica Americana, a Escola da Jurisprudência de Interesses e a Escola Realista Americana.**

A **Escola da Livre Pesquisa Científica** originou-se na França, a partir da ideia de François Geny (1861-1959). O objetivo principal de Geny era combater o apego à lei, a lógica formal, bem como a ideia de completude da lei, aduzindo que a lei é insuficiente para prever todas as situações geradas na sociedade. A escola parte da ideia de que a lei é a principal fonte do

34 IHERING, Rudolf Von. **El Fin en el Derecho.** Tradução Leonardo Rodriguez. Panplona: Analecta Editorial, 2005. p. 274.

35 Idem. **A luta pelo direito.** São Paulo: Rideel, 2005. p. 5.

36 VANDER EYCKEN, Paul. **Méthode positive de l''interprétation juridique.** Bruxelles, 1907. p. 14

Direito. No entanto, o intérprete deveria considerar **fontes suplementares** como os costumes, a autoridade, a tradição, quando constatada a existência de lacuna na lei. A lei não tinha resposta para todos os casos, por isso outras fontes eram necessárias. E, em último caso, se as fontes suplementares não fossem suficientes para resolução do caso, a escola admitia que o aplicador criasse uma norma, substituindo o legislador, o que ocorreria mediante a **livre investigação científica do Direito**.

Com base na livre investigação, o aplicador encontraria a regra adequada ao caso concreto, o que dá à interpretação caráter criativo, como forma de integrar o Direito diante das lacunas, o que demonstra, aliás, o afastamento do formato liberal de que o juiz seria mero aplicador de normas, sobretudo da lei.

Na sequência, temos a **Escola do Direito Livre (ou Escola do Direito Justo),** criada na Alemanha, no início do século XX (1906), por conta da obra de Hermann Ulrich Kantorowicz (1877-1940). A par do que sustentava a Escola Histórica e da Livre Pesquisa Científica, a Escola do Direito Livre reagiu também às concepções de plenitude do ordenamento jurídico e de conceitos abstratos do Direito. A escola partia da premissa de que o Direito não poderia ser pensado apenas como fruto do Estado[37]. Não sendo a lei a única fonte jurídica, vez que admitiam outras fontes, o intérprete não deveria se submeter inteiramente a ela. Inspirada pelo espírito científico, a escola afirmava que a criação do Direito decorre da investigação e pesquisa sociológica, cabendo ao aplicador estudar a sociedade e compreender que ela é muito mais complexa que o Direito (as normas). Carlos Maximiliano, a respeito das ideias de Kantorowicz aduz que:

> "Kantorowicz, embora filiado à mesma escola, induz o magistrado a buscar o ideal jurídico, o Direito justo (richtiges Recht), onde quer que se encontre, dentro ou fora da lei, na ausência desta ou – a despeito da mesma, isto é, a decidir proeter e também contra legem: não se preocupe com os textos; despreze qualquer interpretação, construção, ficção ou analogia; inspire-se, de preferência, nos dados sociológicos e siga o determinismo dos fenômenos, atenha-se à observação e à experiência, tome como guias os ditames imediatos do seu sentimento, do seu tato profissional, da sua consciência jurídica[38]".

---

37 HERKENHOFF, João Batista. **Como aplicar o Direito.** 7ª ed. rev. e ampl. Rio de Janeiro: Forense: 2011. p. 54

38 MAXIMILIANO, Carlos. Hermenêutica e aplicação do Direito. 20ª ed., Rio de Janeiro: Forense, 2011. p. 60.

O trecho acima demonstra nitidamente, o caráter da criação da norma diante da lacuna do texto jurídico. Logo, o aplicador deve pesquisar a forma de suplementar os textos/as leis, a fim de evitar que não houvesse resposta às necessidades sociais. Em outras palavras, os conflitos deveriam ser solucionados de qualquer modo. Para Kantorowicz, decisões contra lei, embora ruins, seriam inevitáveis[39].

A Escola do Direito Livre apresentou ao longo de sua existência duas vertentes ideológicas, uma moderada e outra radical/extremada. A moderada lecionava que a ação criativa do intérprete somente seria possível, uma vez constatada a lacuna no texto jurídico. Em contrapartida, a corrente radical/extremada defendia que o aplicador poderia criar nova norma sempre que atual fosse considerada injusta.

A visão adotada pela Escola do Direito Livre não passou imune a críticas, sendo que muitos aduziram que a escola era incentivadora do subjetivismo e do arbítrio dos juízes, o que levaria a uma **ditadura dos magistrados**. Ademais, a forma de interpretar adotada ameaçaria a segurança e certeza do Direito. De fato, permitir que o juiz parta da ideia do que entende ser "justo", leva a desmandos e arbitrariedades, que, sem dúvida, afetam a segurança jurídica, pilar dos Estados Constitucionais. De qualquer forma, a escola teve seu mérito diante da superação dos cânones formalistas exacerbados, realçando os valores sociais, bem como valorizando o papel dos próprios magistrados.

A **Escola Sociológica Americana** foi estruturada nos Estados Unidos, no final do século XIX, de acordo com as teorias de Nathan Roscoe Pound (1870-1964) e Oliver Wendel Holmes (1809-1894), sendo movimento paralelo às manifestações da Escola do Direito Livre e da Escola da Livre Pesquisa Científica.

A escola parte da premissa de que o Direito é mutável e varia de acordo com a realidade social. Para os teóricos da escola, é fundamental o enfoque dos fatos sociais para o entendimento do Direito, razão pela qual o jurista deve estar consciente da realidade. Nesse sentido, Maria Helena Diniz atesta que "[...] o trabalho do jurista teórico, do legislador e do juiz não devia limitar-se a um processo lógico, mas conter um conhecimento sociológico da realidade presente[40]". Raciocínio semelhante é o de José Guilherme Giacomuzzi:

---

39 HERKENOFF, João Batista, Op. cit., p. 56.

40 DINIZ, Maria Helena. **Compêndio de Introdução à Ciência do Direito.** 8ª ed. atual. São Paulo: Saraiva, 1995. p. 64.

> Em suma, foi na esteira da reviravolta proposta por Holmes, mas para além dela, que Roscoe Pound, baseado no Pragmatismo, sugeriu o que veio a ser conhecido como sociological jurisprudence: o abandono dos conceitos legais vazios, os quais não deveriam ser analíticos, mas sim, para usarmos a já utilizada terminologia kantiana, sintéticos, construídos a posteriori, com base no mundo fenomênico: o Direito deveria valer-se o mais possível de pesquisas empíricas: a idéia de que os laboratórios sociais" deveriam substituir os "legisladores" ganhou corpo; o Direito lidaria com/atos, não com abstrações, e não deveria haver nítida distinção entre fato e Direito - Juízes lidam também com fatos, não somente com o Direito[41].

Salienta-se, também, que a escola admitia a função criativa do aplicador do Direito, afastando a ideia do racionalismo, priorizando o empirismo e utilitarismo nas decisões, ou seja, o aplicado (juiz) deve se atentar mais à consequência de seu ato do que aos antecedentes (lógica formal).A escola foi criada, a fim de criticar a teoria americana dos precedentes judiciais que condicionava o aplicador àquilo que já foi decidido, o que, segundo Pound, seria a jurisprudência mecânica. Nesse sentido, acerca da referida escola, afirma Henrique Garbellini Carnio

> [...] a essa escola é o seu viés crítico sobre a postura dos juízes e o processo de decisão judicial. No final do século XIX, triunfou nos EUA a doutrina dos precedentes, que fez do juiz um órgão puramente passivo e de repetição de soluções já adotadas[42].

Vale mencionar que, se tal entendimento fosse levado às últimas potências, teríamos uma situação, na qual o magistrado primeiro decidiria para, depois, justificar os fundamentos (decisionismo), o que não se pode admitir, eis que torna o Direito meio de perpetuação de uma ditadura togada. Sem contar que teríamos a institucionalização de que os fins justificariam os meios. De todo modo, a visão sociológica foi essencial para atribuir ao direito uma visão mais prática (busca do interesse social) e não tão formalista.

---

41 GIACOMUZZI, José Guilherme. As raízes do realismo americano: breve esboço acerca de dicotomias, ideologia, e pureza no direito dos USA. *In:* **Revista de Direito Administrativo**, Rio de Janeiro, 239: 359-388, jan.-mar. 2005. p. 378.

42 CARNIO, Henrique Garbellini. Precedentes judiciais ou direito jurisprudencial mecânico? *In*: **R. bras. Dir. Proc. – RBDPro.** Belo Horizonte, ano 24, n. 93, p. 79-94, jan./mar. 2016. p. 82.

Oportuno mencionar que houve dissidências no seio da Escola Sociológica americana, gerando o surgimento de uma ala radical que fundou a **Escola Realista Americana**, na primeira metade do século XX. Os principais realistas são Jerome New Frank (1889-1957); Karl Nickerson Llewellyn (1893-1962); John Chipman Gray (1839-1915); Underhill Moore (1879-1949); Herman Oliphant (1884-1939); Walter W. Cook (1873-1943) e Charles E. Clark (1889-1963).

Esta vertente intensificou seus estudos para as razões emocionais, psicológicas que orientam os julgadores no momento da prolatação das decisões, isto é, cuidaram do comportamento dos magistrados, de onde seria possível extrair o verdadeiro Direito, segundo afirmavam. Logo, abandonava-se a lógica racional com o objetivo de demonstrar que havia fatores irracionais por trás das decisões judiciais. Em outras palavras, o Direito originar-se-ia das decisões judiciais e caberia à ciência jurídica analisar as decisões para prever como as questões serão decididas.

A escola realista, portanto, retira o foco das normas jurídicas (consideradas principal fonte do Direito), e dar maior relevância a atividade dos juízes. De acordo com Bobbio, os realistas estão focados no "ser" e não no "dever-ser", considerando o direito com uma realidade factual[43]. Importante mencionar que a teoria realista concretiza-se no contexto norte-americano, onde há um sistema *common law* que, por natureza, atribui relevância às decisões/precedentes judiciais. Todavia, rompe com as discussões abstratas, conceituais procurando entender o Direito na pura realidade.

Não há dúvida de que surgiram críticas aos posicionamentos realistas, pois a segurança jurídica é atingida ao se considerar que o Direito está nas decisões dos juízes. Nada obstante, as contribuições da escola ganharam destaque ao apresentarem a visão de que o juiz não é mero aplicador mecânico, mas toda a sua formação e compreensão do mundo refletem na decisão proferida, embora falível como todo ser humano.

Por último, sob o prisma das interpretações jurídicas mais livres, foi concebida, na Alemanha, a **Escola da Jurisprudência dos Interesses**, no primeiro quarto do século XX, tendo como figura de relevo Philipp Heck (1858-1943); Max Rümelin (1861-1931); Paul Oertmann (1865-1938) e Ernst Stampe (1856-1942). A escola surge como um contraponto à Jurisprudência dos Conceitos, tendo por escopo afastar a aplicação de conceitos jurídicos abstratos.

---

43 BOBBIO, Norberto. **Positivismo Jurídico**. p. 143.

Na verdade, a escola cingiu-se à investigação dos interesses do intérprete no momento da decisão, porquanto toda decisão era fruto de interesses contrapostos. Ressalta-se que interesse aqui não quer dizer apenas econômico, material e social, mas também interesses ideais – culturais, morais e religiosos[44]. Segundo os dizeres do próprio Philipp Heck, "o escopo da jurisprudência e, em particular, da decisão judicial dos casos concretos, é a satisfação de necessidades da vida, de desejos e aspirações, tanto da ordem material como ideal, existente na sociedade"[45].

Além disso, para a Jurisprudência dos Interesses, o magistrado ao decidir no caso concreto, deve extrair os interesses por trás da norma editada pelo legislador e, com isso, atingir a **solução** justa, ou seja, aquela que melhor se adeque ao caso sob análise. Nota-se a busca pelo ideal de Justiça, cabendo ao magistrado fazer juízos de valor quando se deparar com mais de uma possibilidade de solução, devendo adotar aquela que mais esteja em consonância com **o interesse da sociedade**. De modo expresso, Herkenhoff explica que mais importante do que obter "[...] uma suposta interpretação autêntica da lei é preocupar-se com as consequências sociais das interpretações possíveis, optando por aquela interpretação cujos efeitos são melhores"[46].

Para os teóricos da jurisprudência dos interesses, o juiz não teria competência para criar o Direito, estando vinculado às normas de direito positivo – Constituição, leis e demais normas. Todavia, sua função seria ajustar os interesses conflitantes que surgem no caso concreto e não somente aplicar uma fórmula pré-programada pelo legislador. Apenas diante de ausência da lei para resolver um caso, o juiz estaria autorizado a utilizar critérios valorativos para solucionar o caso ou retificar eventuais deficiências.

Com efeito, em um contexto posterior à unificação alemã e, diante das transformações sociais do final do século XIX e do início do século XX, os teóricos dessa escola mantiveram-se dentro do direito positivo, tendo as normas postas como parâmetro, mas voltaram sua atenção para forma de interpretá-las, tomando por base os interesses sociais, o que torna clara a influência de Ihering (finalística) nas concepções da Jurisprudência dos Interesses.

---

44 ENGISCH, Karl. **Introdução ao pensamento jurídico.** 9ª edição. Tradução de J. Baptista Machado. Lisboa: Fundação Calouste Gulbenkian, 2004. p. 368

45 HECK, Philipp. **Interpretação das leis e jurisprudência dos interesses.** Tradução de José Osório. São Paulo: Saraiva, 1948. p.13

46 HERKENHOFF, João Batista. Op. cit., 65.

2.3 NEOCONSTITUCIONALISMO: A VALORIZAÇÃO DOS PRINCÍPIOS CONSTITUCIONAIS

A supervalorização da lei e do Parlamento, fruto das revoluções liberais, resultaram em interpretações literais, gramaticais, que remetiam à intenção do legislador, cabendo aos intérpretes/aplicadores ficarem restritos à mera subsunção formal da situação concreta à lei. Vale destacar que, naquele momento, a lei (códigos) era o meio de trazer segurança e certeza aos negócios jurídicos entabulados pela burguesia, o que demonstra a predominância das relações privadas.

Ademais, ficou marcada a transição do jusnaturalismo (ideias imutáveis, conceitos abstratos) ao positivismo jurídico (mutabilidade do Direito decorrente da criação de normas elaboradas pelo Estado e aplicadas por autoridades competentes). Contudo, a complexidade das relações humanas mostrou que a lei não continha todas as respostas, sendo meio insuficiente para prever todas as situações jurídicas surgidas, sobretudo, diante das inovações oriundas da revolução industrial (ex., sistema capitalista; surgimento do proletariado) que alteraram a sociedade entre os séculos XVIII e XIX.

Ocorreram, também, mudanças econômicas e sociais, em razão da Revolução Industrial, que introduziram o denominado **constitucionalismo social,** marcado pela elevação e positivação de direito sociais, econômicos a textos constitucionais, a exemplo das Constituições do México (1917) e de Weimar (1919), principalmente, trabalho e previdência[47], cabendo ao Estado o dever de se aparelhar orçamentária e financeiramente para promoção de tais direitos. Isso significou a definição de políticas públicas estatais em prol de segmentos da população.

Tudo isso somado a acontecimentos históricos marcantes como as grandes guerras, recessões econômicas, trouxeram novas e grandes reflexões à comunidade internacional e aos países a respeito de como as normas deveriam ser interpretadas e aplicadas. Vale ressaltar que o positivismo teórico, predominante nesse período, consolidou o entendimento de que o texto jurídico, oriundo de uma autoridade, é o objeto central da ciência jurídica. O auge do positivismo no século XX deu-se graças a **Hans Kelsen** (1881-1973), jurista austríaco, responsável pela elaboração da **Teoria Pura do Direito**.

47 JUNQUEIRA, Michelle Asato; PINTO, Felipe Chiarello de Souza. Op. cit., p. 32.

A compreensão de Kelsen, acerca da Ciência do Direito, deu muito mais importância aos aspectos técnicos das normas jurídicas. Por consequência, ao cientista do Direito não caberia ponderar acerca de justiça ou injustiça das normas, mas apenas sua validade ou invalidade (racionalidade teórica). Aspectos éticos e morais, embora pudessem influenciar no processo político, ficavam de fora do espectro de análise do jurista. Embora tenha pouco abordado acerca da interpretação do Direito, no capítulo VIII, último de sua teoria pura, o jurista austríaco expõe que "a interpretação é, portanto, uma operação mental que acompanha o processo da aplicação do Direito no seu progredir de um escalão superior para um escalão inferior[48]". Ainda, Kelsen assevera que o juiz (autoridade) parte da moldura estabelecida pela lei (norma mais geral) e, na aplicação da lei ao caso concreto, cria o Direito. Note que a expressão criação é aqui empregada no sentido de inovar, indo além da própria lei. Vejamos:

> "Através de uma interpretação autêntica deste tipo pode criar-se Direito, não só no caso em que a interpretação tem caráter geral, em que, portanto, existe interpretação autêntica no sentido usual da palavra, mas também no caso em que é produzida uma norma jurídica individual através de um órgão aplicador do Direito, desde que o ato deste órgão já não possa ser anulado, desde que ele tenha transitado em julgado. E fato bem conhecido que, pela via de uma interpretação autêntica deste tipo, é muitas vezes criado Direito novo – especialmente pelos tribunais de última instância. Da interpretação através de um órgão aplicador do Direito distingue-se toda e qualquer outra interpretação pelo fato de não ser autêntica, isto é, pelo fato de não criar Direito[49]".

Oportuno mencionar que a separação rígida e radical entre o Direito e a Ética/Moral proposta pelo positivismo teórico, a fim de dar ao direito caráter científico com objeto próprio, na primeira metade do século XX, amoldou-se bem aos ideais de regimes autoritários[50]. Assim, a maior preocu-

48 KELSEN, Hans. **Teoria Pura do Direito**. Tradução de João BaptistaMachado. 6ª ed. São Paulo: Martins Fontes, 1998. p. 245.

49 KELSEN, Hans. Op. cit., p. 250.

50 Especialmente, pautado na teoria de Carl Schmitt, para quem, o Direito está relacionado à decisão política do Soberano que, para manter a ordem, pode suspendê-la ou criar outra situação de ordem, dando nova configuração política e jurídica ao Estado.

pação com a forma do que com o conteúdo possibilitou que inúmeras atrocidades fossem praticadas sob o véu da legalidade, fator que contribuiu para o surgimento de novos pensamentos a respeito da interpretação jurídica.

Neste contexto que, embora sem um marco definido, na segunda metade do século XX, novos ideais passam a ser discutidos, dando azo ao **neoconstitucionalismo**, viés teórico decorrente do neopositivismo que prega maior aproximação entre Direito e Ética e a concretização de direitos, das liberdades públicas (racionalidade material). Conforme Cambi, destacam-se as seguintes características: *(i) superação do legalismo; (ii) Constituição como ordem objetiva de valores – sistema aberto de regras e princípios; (iii) modelo concretista da norma jurídica e preocupação com o conteúdo da norma; (iv) superação do formalismo jurídico e processual; (v) rejeição do império do silogismo judicial; (vi) fim da rígida separação entre direito e a moral*[51].

A superação do legalismo já era prenunciada na segunda metade do século XIX, com as escolas contrárias ao legalismo – Histórica e Teleológica. A Constituição ganhou maior destaque, sobretudo com o movimento de promoção de direitos sociais, econômicos e culturais. Promulgaram-se constituições analíticas que versam sobre diversos assuntos da vida política, econômica, jurídica, religiosa, cultural (**constituição invasora/totalitarismo constitucional**), como a Constituição Italiana de 1947 e a Lei Fundamental de Bonn de 1949, ampliando-se, também, a jurisdição constitucional.

Não bastasse, a Constituição passou a ser reconhecida como um sistema de regras e princípios[52] que irradiam efeitos para todas as relações jurídicas entabuladas em determinado território, servindo de parâmetro para interpretação e aplicação das normas hierarquicamente inferiores, sobretudo as leis. As regras correspondem às normas mais concretas que se aplicam a determinada previsão jurídica, dizendo como se deve ou não agir, sendo aplicadas ou não ao caso (regra do "tudo ou nada"[53]) – mandamentos definitivos.

De seu turno, os princípios são normas abstratas e genéricas, aplicáveis às situações fáticas da melhor forma possível (**ponderação**)[54], um não ex-

---

51 CAMBI, Eduardo. **Neoconstitucionalimo e Neoprocessualismo: direitos fundamentais, políticas públicas e protagonismo judiciário.** 2ª rev. e atual. São Paulo: Editora Revista dos Tribunais, 2011. p. 84-145.

52 CAMBI, Eduardo. Op. cit., p. 23.

53 DWORKIN, Ronald. **Levando os Direitos a sério**. Tradução de Nelson Boeira. 3ª edição. São Paulo: Editora WMF Martins Fontes, 2010. p. 39.

54 Ibidem. p. 44.

cluindo a incidência do outro. Ressalta-se que é com essa nova concepção que os princípios jurídicos, reconhecidos pelos positivistas como normas puramente axiológicas (sem eficácia jurídica), passam a ser compreendidos como normas aplicáveis, ou seja, possuem normatividade e mesmo que não estejam expressos nos textos constitucionais.

Para o neoconstitucionalismo, a norma, por se distinguir do texto escrito, será construída no caso concreto, mediante a interpretação, sendo estabelecida uma relação/ligação entre os princípios/regras (dever) com os fatos (ser), razão pela qual se fala na concretização da norma jurídica. Por outro lado, superou-se o formalismo jurídico, ao se analisar o conteúdo da norma jurídica para sua efetividade e não apenas o seu rigor formal. O intérprete deve considerar os fins sociais, políticos, econômicos da norma para sua aplicação. A ideia, segundo o ministro Luís Roberto Barroso, foi superar o legalismo mediante o compartilhamento de valores, mesmo que não positivos em um texto específico[55].

Outrossim, afastou-se a aplicação do silogismo clássico que determina a mera subsunção do texto ao caso concreto. Ponderou-se que a norma extraída do texto resulta de um elemento objetivo e subjetivo, ou seja, decorre do devido processo legal, sendo também produto da vontade humana do órgão judicial, isto é, um ato de criação como propôs Kelsen[56]. Nitidamente, afasta-se a ideia de o juiz ser uma máquina que aplica o Direito; há que se considerar a cultura, a sensibilidade, a solidariedade no momento de decidir.

As Constituições criadas no século XX inseriram princípios e valores, tais como a dignidade da pessoa humana, justiça social, solidariedade liberdade e igualdade que tornaram maior a interpenetração do Direito com a Ética e com a Moral. Busca-se a concretização de valores partilhados por determinada comunidade, em um dado momento e dada localidade. É preciso elucidar que essa aproximação, de modo algum, implica na subordinação do Direito à Moral, no entanto, houve uma relação de complementação entre as áreas. Sobre o tema, Elival da Silva Ramos pondera que:

> não se trata de imposição voluntarista de concepções ética pessoais, que não atenderiam às necessidades de uma justificação correlata ao desempenho de função estatal, mas da tentativa de expressar o sentimento de justiça

55 BARROSO, Luís Roberto. **Interpretação e Aplicação da Constituição: fundamentos de uma dogmática constitucional**. 7ª ed. rev., São Paulo: Saraiva, 2009. p. 340.

56 KELSEN, Hans. Op. cit., p.163-165.

radicado no meio social de onde provém o operador do Direito e para o qual se dirige[57].

De modo um modo geral, o viés neoconstitucionalista, apesar do prefixo "neo" (novo), congrega elementos já antes conhecidos do jusnaturalismo, positivismo e do realismo e os adapta às realidades do século XX[58]. Contudo, a tese neoconstitucional está sujeita a críticas. Grande crítica feita recai sobre a supervalorização dos princípios, fez com que o Judiciário deixasse de aplicar normas jurídicas em nome dos princípios, trazendo insegurança e levando à própria banalização dos princípios. Ainda, apresenta-se o posicionamento da professora Monica Herman que tece severa crítica aos rumos que o neoconstitucionalismo têm seguido, principalmente, quando se trata de segurança jurídica. Vejamos:

> [...] o que se depreende é que o constitucionalismo que pretende ser contemporâneo – ou a teoria do neoconstitucionalismo – assume uma postura descompromissada com o princípio da segurança jurídica, que exsurge na trajetória evolutiva da ideia de Estado de Direito, buscando exatamente lhe assegurar reforço, robustecendo a missão maior de uma Constituição, qual seja estabelecer limites e engradar o Poder[59].

Infere-se, pois, que o Direito foi criado com o objetivo de se garantir a segurança jurídica. Logo, afastar o princípio basilar resulta no desmoronamento de todo o "prédio" constitucional. Sem primar pela segurança jurídica, o Estado de Direito desbordará para arbitrariedade.

Como se percebeu, o neopositivismo norteou o denominado neoconstitucionalismo, sobretudo a partir da segunda metade do século XX, demonstrando esse desapego ao formalismo e aproximação da Moral. Todavia, o século XXI, com as suas novas realidades – biotecnologia, clonagem, compartilhamento de dados, redes sociais, legitimidade na democracia li-

---

57 RAMOS, Elival da Silva. **Ativismo Judicial: parâmetros dogmáticos**. 2ª edição. São Paulo: Saraiva, 2015. p. 103-104.

58 ZAGREBELSKY, Gustavo. **El derecho ductil: Ley, derechos, justicia.** 11ª edição. Madrid: Editorial Trotta, 2011. p.116.

59 CAGGIANO, Monica Herman Salem. **Democracia x Constitucionalismo: um navio à deriva?** Caderno de Pós-Graduação em Direito: estudo e documento de trabalho. Comissão de Pós-Graduação da Faculdade de Direito da USP, São Paulo, n. 1, 2011, p. 19.

beral, o que exige a garantia de maior participação popular, conflitos éticos etc. – ao menos no campo constitucional, exteriorizou questões atinentes a um maior respeito aos direitos e garantias fundamentais, às instituições democráticas, fatores que levaram a um maior destaque da atuação do Poder Judiciário.

O Poder Judiciário que, por séculos, exerceu mera função subsuntiva (juiz autômato), hodiernamente, sobretudo, a partir dos postulados hermenêuticos neopositivistas, passou a ter maior participação dentro da ótica da separação dos Poderes. A perda de espaço no cenário político, resultante da inércia e deficiências do Legislativo e Executivo, levou o Judiciário a ser o novo protagonista estatal. Além de solucionar os conflitos, o Judiciário passa a ser ator que define o rumo das políticas públicas e governamentais – **judicialização da política.** Nos dizeres de Habacuque W. Sodré,

> Tal fenômeno implica um aumento considerável das competências do Poder Judiciário, o qual passa a ser visto não apenas como um órgão de decidibilidade, mas também como uma arena política, na qual os Magistrados funcionam com veto players da construção da governabilidade, ou seja, o próprio exercício das instituições democráticas depende de uma avaliação do Poder Judiciário para verificar se as suas ações possuem enquadramento ou não nas normas constitucionais[60].

Tal evidência, somado ao fato de ao Judiciário recair a revisão judicial, sendo um dos principais intérpretes da Constituição, que se observa uma reconfiguração da própria separação dos poderes que, segundo a doutrina em tom bastante crítico, conduziu ao **ativismo judicial**, isto é, fenômeno, no qual os magistrados desbordam dos limites da função jurisdicional, atingindo a função primordial dos outros poderes[61]. Em outras palavras, há uma atividade criativa por parte dos magistrados[62]. Nesta linha, Elival da Silva Ramos aduz, ainda, que:

---

60 SODRÉ, Habacuque Wellington. As Deficiências da Atuação Legislativa Como Fator de Ativismo: Hipertrofia e Omissão Legislativa. Uma Análise da Sociologia Jurídica sobre o Caso Brasileiro de Ativismo Judicial. *In*: **DPU** n. 43 – jan.-fev./2012 – Seção Especial – Teorias e Estudos Científicos. p. 185.

61 RAMOS, Elival da Silva. Ibidem. p. 131.

62 SODRÉ, Habacuque Wellington. Ibidem. p. 168.

> [...] O Poder Judiciário, estimulado pelo reforço à tarefa de controle jurídico da função legislativa que lhe compete exercer e premido pelas pressões no sentido de concretizar plenamente a Constituição social-democrática de 1988, ultrapassa, por vezes, os limites que o nosso sistema jurídico estabelece ao manejo da função jurisdicional, porém o faz, em boa medida, pela ineficiência dos Poderes representativos na adoção das providências normativas adequadas àquela concretização[63].

Não é raro encontrar decisões judiciais que, se valendo de conceitos vagos, imprecisos e abertos do texto constitucional, buscam interpretá-la e aplicá-la, em nome dos princípios, na forma que se "entende" melhor para o Estado e não, necessariamente, de acordo com o que se extrai do próprio texto (interpretações pragmáticas e convencionais e convenientes). Uma atuação que vai além dos limites do sistema jurídico, sem dúvida, conduz a efeitos malignos como a corrupção judicial, a compra de decisões e a manipulação decisória.

Dentro deste embate, no qual de um lado há os defensores do formalismo, que pregam que as normas apenas são extraídas dos próprios textos jurídicos e, de outro lado, os antiformalistas que vislumbram a atividade criativa dos intérpretes (*vide*, especialmente, as escolas sociológica e realista americanas), encontra-se, no tocante à interpretação, a posição intermediária e conciliadora das teses anteriores apresentada pelo positivista **Herbert L. A. Hart** que, conquanto não formule uma teoria da interpretação, estabelece pontos essenciais acerca da problemática da linguagem jurídica.

Segundo Hart, a complexidade da vida e a realidade em si apresentam casos fáceis (*easy cases*), que demandam nenhuma ou pouca interpretação e, portanto, cabe ao magistrado apenas aplicar o texto normativo. Contudo, há os qualificados de casos difíceis (*hard cases*), nos quais os magistrados teriam uma maior discricionariedade para atuar (atividade criativa), valendo das técnicas interpretativas[64]. No primeiro caso, encontra-se a "zona clara de aplicação do direito", eis que não se exige praticamente interpretação, ao passo que na segunda situação, fala-se de "zona de penumbra", uma vez que os textos são incertos no pertinente à interpretação.

---

63 RAMOS, Elival da Silva. Op. cit., p. 303.

64 HART. Herbert L. A., **O Conceito de Direito**. Tradução de A. Ribeiro Mendes. Lisboa: Fundação Calouste, 2007. p. 141.

Ademais, o autor parte da ideia de que os legisladores são incapazes de prever os fatos futuros e que o objetivo dos textos jurídicos, após sua criação, é indeterminável. Nesse sentido, a indeterminação da linguagem, sobretudo da norma constitucional, que possui maior grau de vagueza, abstração e generalidade, demonstram a existência de uma **textura aberta do Direito,** conforme o trecho abaixo transcrito:

> [...] que há, na verdade, áreas de conduta em que muitas coisas devem ser deixadas para serem desenvolvidas pelos tribunais ou pelos funcionários, os quais determinam o equilíbrio, à luz das circunstâncias, entre interesses conflituantes que variam em peso, de caso para caso[65].

O conceito de textura aberta de Hart demonstra o dinamismo e a complexidade de se interpretar as normas. Por diversas vezes, os tribunais enfrentam questionamentos sobre expressões do texto constitucional e precisam definir o devido alcance da expressão. Aliás, sobre o tema, a Lei n. 9.868/99, em seu artigo 28, parágrafo único[66], faz alusão à **inconstitucionalidade parcial sem redução de texto e a interpretação conforme**, ou seja, técnicas interpretativas utilizadas diante de normas polissêmicas (com vários sentidos). Em tais casos, o Supremo Tribunal dirá qual dos sentidos está ou não de acordo com o texto constitucional.

E, neste momento histórico-jurídico brasileiro que a mutação constitucional, cada vez mais utilizada se presta, muitas vezes, como forma de realização do ativismo judicial. Decisões judiciais tomadas, em nítido caráter político, sobretudo em controle concentrado de constitucionalidade, são proferidas, vinculando ao Estado e a todos os jurisdicionados, partindo de uma interpretação enviesada politicamente e não nos estritos objetivos da Constituição.

Não se nega que dentro da atuação jurisdicional, na lógica do positivismo, há certa criação e discricionariedade na interpretação e aplicação das

---

65 HART. Herbert L. A., Op. cit., p. 148.

66 Art. 28. Dentro do prazo de dez dias após o trânsito em julgado da decisão, o Supremo Tribunal Federal fará publicar em seção especial do Diário da Justiça e do Diário Oficial da União a parte dispositiva do acórdão. Parágrafo único. A declaração de constitucionalidade ou de inconstitucionalidade, inclusive a interpretação conforme a Constituição e a declaração parcial de inconstitucionalidade sem redução de texto, têm eficácia contra todos e efeito vinculante em relação aos órgãos do Poder Judiciário e à Administração Pública federal, estadual e municipal.

normas. Contudo, tal atividade não é igual àquela concedida ao Legislativo. Os parlamentares recebem o fundamento-mor da inovação ao editarem normas abstratas, genéricas e impessoais, sendo que a validade decorre diretamente da Constituição. Ademais, os parlamentares e administradores possuem discricionariedade para se valer de critérios de conveniência e oportunidade em conformidade com os planos do governo. Em contrapartida, as decisões judiciais são de nível hierárquico inferior, sendo que a discricionariedade está atrelada à busca da solução justa ao caso, com base na consciência jurídica geral[67].

Especificamente, em relação ao Supremo Tribunal Federal, Eros Grau assevera que o órgão e os seus ministros, passaram a exercer não apenas o controle de constitucionalidade, mas também o controle de razoabilidade das leis. Logo, o que prevalece não é mais a Constituição e sim o valor que cada juiz adota subjetivamente, ou seja, o juiz não avalia a constitucionalidade da lei, mas se a lei é boa (razoável) ou má (irrazoável), segundo suas preferências pessoais[68]. A crítica procede quando se observa que não há, nos últimos anos, a opinião ou decisão da Corte e sim opiniões individuais e distintas de cada ministro. Não se constrói com frequência um voto-médio que exara a consonância dos debates, mas fica exposto que cada ministro pensa individualmente, o que dá azo ao flerte com a opinião pública e a mídia.

Enfim, a partir de toda a evolução histórica política, cultural e jurídica que permeia o Direito e a Hermenêutica até o século XXI, o objetivo-mor é compreender a atuação do Supremo Tribunal Federal, na forma de interpretar as normas constitucionais, no controle de constitucionalidade, a fim de que se possa concluir se há ou não a utilização da mutação constitucional ou, se aludido órgão realiza pura atuação legislativa, afrontando o princípio da separação dos poderes.

---

67 RAMOS, Elival da Silva. Op. cit., p. 128.

68 GRAU, Eros Roberto. **O Direito posto e o direito pressuposto.** 8ª edição. São Paulo: Malheiros, 2011. p. 341-342.

Capítulo III

Mutação constitucional produzida pelo Supremo Tribunal Federal a partir da Constituição Federal de 1988

A revisão histórica e literária no capítulo anterior permitiu a compreensão acerca das diversas fórmulas de se extrair as normas dos textos jurídicos, mediante os métodos gramatical, lógico, histórico, social, sistemático e, até mesmo, livre. Nesse capítulo, é momento de identificarmos a atuação da mais alta corte do Poder Judiciário brasileiro, o Supremo Tribunal Federal, órgão que, segundo a Constituição Federal de 1988, tem por dever guardá-la.

Na primeira etapa, serão abordadas as suas origens, desde a proclamação da República brasileira, bem como a atuação no controle de constitucionalidade (difuso e concentrado). Na segunda etapa, inicia-se o estudo de casos, ou seja, análise acurada das decisões da Corte e dos respectivos votos exarados pelos ministros que a compõem.

Registra-se que, dentre os inúmeros acórdãos já proferidos pelo Supremo Tribunal Federal, para fins desta pesquisa, foram selecionados quatro decisões judiciais, nas quais restou caracterizada a mutação, sendo temas que refletem questões públicas e privadas atinentes à política, à família, à separação dos poderes, à discriminação e criminalização na sociedade – *infidelidade partidária*[1], *reconhecimento da união estável homoafetiva*[2], *abstrativização do controle*

1 SUPREMO TRIBUNAL FEDERAL. **Julgamentos relevantes marcam o ano de 2007 no Supremo.** Brasília/DF, 21 de dezembro de 2007. Disponível em: http://www.stf.jus.br/portal/cms/verNoticiaDetalhe.asp?idConteudo=80409. Acesso em: 6-3-2020, às 16h05.

2 SUPREMO TRIBUNAL FEDERAL. **Supremo reconhece união homoafetiva.** Brasília/DF, 5 de maio de 2011. Disponível em: http://www.stf.jus.br/portal/cms/verNoticiaDetalhe.asp?idConteudo=178931. Acesso em: 6-3-2020, às 16h11.

difuso[3-4] *e criminalização da homofobia e transfobia*[5-6]. Sem dúvida, os temas são sensíveis à sociedade brasileira, à sua cultura e modo de pensar da população, demonstrando, inclusive, como os próprios ministros enxergam o papel da Corte na realidade do país.

3.1 DA ORIGEM DO SUPREMO TRIBUNAL FEDERAL NO BRASIL

O Supremo Tribunal Federal (STF), próximo à configuração atual, teve sua origem nos primórdios da República brasileira, mediante a expedição dos Decretos n. 510 e 848, ambos de 1890, da lavra do Governo Provisório, quando se pretendeu organizar a Justiça Federal brasileira. Com o advento da Constituição da República de 1891 (24/10/1891), a corte foi, expressamente, prevista nos arts. 55[7] a 59, sendo instalada, oficialmente, em 28 de fevereiro de 1891, conforme o Decreto n. 1, de 26 de fevereiro de 1891, sendo composta por 15 (quinze) ministros, nomeados pelo Presidente da República, dentre os cidadãos de notável saber e reputação, elegíveis para o Senado.

Contudo, é digno de registro que, mesmo antes da proclamação da República, já havia órgãos de caráter jurisdicional que precederam o Supre-

---

3 CANÁRIO, Pedro. **Supremo criou forma de controle de constitucionalidade no caso do amianto**. Consultor Jurídico (CONJUR). São Paulo – SP, 1 de dezembro de 2017. Disponível em: https://www.conjur.com.br/2017-dez-01/amianto-stf-criou-forma-controle-constitucionalidade. Acesso em: 6-3-2020, às 16h36.

4 FERNANDES, Bernardo Gonçalves; GODOY, Miguel Gualano de. **Como o Supremo expandiu seus poderes no caso do amianto?** JOTA. 21 de novembro de 2019. Disponível em: https://www.jota.info/stf/supra/como-o-supremo-expandiu-seus-poderes-no-caso-do-amianto-21112019. Acesso em: 6-3-2020, às 16h41.

5 SUPREMO TRIBUNAL FEDERAL. **STF enquadra homofobia e transfobia como crimes de racismo ao reconhecer omissão legislativa**. Brasília – DF, 13 de junho de 2019. Disponível em: http://www.stf.jus.br/portal/cms/verNoticiaDetalhe.asp?idConteudo=414010. Acesso em: 6-3-2020, às 16h13.

6 BARIFOUSE, Rafael. **STF aprova a criminalização da homofobia**. BBC BRASIL. São Paulo – SP, 13 de junho de 2019. Disponível em: https://www.bbc.com/portuguese/brasil-47206924#:~:text=O%20Supremo%20Tribunal%20Federal%20(STF,a%20ser%20considerada%20um%20crime. Acesso em: 6-3-2020, às 16h23.

7 Art. 55 – O Poder Judiciário, da União terá por órgãos um Supremo Tribunal Federal, com sede na Capital da República e tantos Juízes e Tribunais Federais, distribuídos pelo País, quantos o Congresso criar.

mo Tribunal Federal. Durante o fim do período colonial, com a chegada da família real portuguesa ao Brasil, o príncipe regente, D. João, em 10-5-1808, editou alvará, criando a **Casa de Suplicação do Brasil.** Mais tarde, na era do Império Brasileiro, criou-se o **Supremo Tribunal de Justiça**[8], consoante previsão na Constituição de 1824, de 25 de março de 1824 (art. 163).

Retornando à República, o constituinte de 1891, baseado no modelo norte-americano (*vide* menção ao caso "Marbury vs. Madison" nos capítulos anteriores), atribuiu ao Supremo Tribunal Federal a competência para realizar o controle difuso de constitucionalidade, ao disciplinar que competia à corte a análise de recursos em casos de atos normativos que estivessem em contrariedade à Constituição. Após a deflagração da revolução de 1930, o Governo Provisório editou o Decreto n.19.656/1931 e reduziu o número de ministros para 11 (onze).

Ulteriormente, a **Constituição Federal de 1934,** também influenciada pelo modelo norte-americano, alterou o nome da instituição para "Corte Suprema" e manteve a composição da corte com 11 (onze) ministros. Salienta-se, ainda, que se ampliou a competência originária e recursal, conforme os arts. 73 a 77. Ademais, a Constituição de 1934 inseriu a figura do mandado de segurança (art. 113), inovou a prever a representação interventiva em Estados (art. 12, § 2º) e previu o que hoje se denomina "cláusula de reserva de plenário", ao determinar que a inconstitucionalidade de lei ou ato do Poder Público só pode ser reconhecida por maioria absoluta do tribunal (art. 179). Em razão da representação interventiva, pode-se dizer que a "Corte Suprema" passou a analisar, ainda que para fins de intervenção, a constitucionalidade de leis/atos estaduais ou distritais, fixando as vigas mestras do controle concentrado ou abstrato de constitucionalidade.

No final da década de 30, Getúlio Vargas decreta o Estado Novo, estabelecendo uma nova fase constitucional no país, sob a égide da **Constituição de 1937.** De acordo com a Carta política, a corte voltaria a ser denominada de Supremo Tribunal Federal (arts. 97 a 102). Destaca-se, ainda, que mesmo durante o período ditatorial, mantiveram-se as disposições acerca do controle difuso de constitucionalidade, da representação interventiva e da reserva de plenário.

Na sequência, com a saída de Getúlio Vargas do poder, promulgou-se a **Constituição Federal de 1946.** Nesse texto, o Supremo Tribunal Federal

---

8 MELLO FILHO, José Celso de. **Notas sobre o Supremo Tribunal (Império e República).** 4. ed. Brasília: Supremo Tribunal Federal, 2014. p. 9-10.

estava previsto nos arts. 98 a 102, sendo mantida basicamente a competência e composição do tribunal de outrora. Oportuno dizer que **Emenda Constitucional n. 16/1965** ao texto constitucional de 1946 teve o condão de introduzir a representação de inconstitucionalidade, a ser proposta pelo Procurador-Geral da República, o que significou a previsão expressa do controle concentrado de constitucionalidade no Brasil. Enfim, a Constituição de 1946 perdurou por mais de 20 (vinte) anos até que sobreveio nova ordem constitucional em 1967, fruto do golpe militar de 1964.

Ressalta-se que, por força do ato institucional n. 2/1965, foi alterada a composição do Supremo Tribunal Federal para 16 (dezesseis) ministros, alteração mantida pela **Constituição de 1967**. Ainda, a Constituição ratificou a representação de inconstitucionalidade já prevista.

Por derradeiro, retomada a democracia brasileira, em 5 de outubro de 1988, foi promulgada a Constituição Federal vigente que manteve as estruturas básicas do Supremo Tribunal Federal do período anterior, retomando a composição original de 11 (onze) ministros e, ampliando o rol de competências, conforme disposição nos arts. 101 a 103-A. De acordo com o professor Fernando Rocha, durante os debates da Assembleia Nacional Constituinte de 1987/1988, discutiu-se a possibilidade da criação de uma Corte Constitucional nos moldes das Cortes Europeias, no entanto, optou-se por prestigiar a experiência centenária do Supremo Tribunal em relação ao controle de constitucionalidade das leis[9].

A despeito do controle concentrado de constitucionalidade, estão previstas, atualmente, ações específicas como: *ação direta de inconstitucionalidade (ADI);* ação declaratória de inconstitucionalidade (ADC)*;* ação direta de inconstitucionalidade por omissão (ADO)*;* ação direta de inconstitucionalidade interventiva (ADI-I) e*; também, a arguição de descumprimento de preceito fundamental (ADPF);* bem como foi ampliado o rol dos legitimados para tais ações, de acordo com o art. 103 da Constituição.

Hoje, as ações, com exceção da ADI interventiva que somente pode ser proposta pelo Procurador-Geral da República, podem ser propostas pelos seguintes autores: I – o Presidente da República; II – a Mesa do Senado Federal; III – a Mesa da Câmara dos Deputados; IV – a Mesa de Assembleia Legislativa ou da Câmara Legislativa do Distrito Federal; V – o Governador de Estado ou do Distrito Federal; VI – o Procurador-Geral da República; VII

---

9 ROCHA, Fernando Luiz Ximenes. O Supremo Tribunal Federal como Corte Constitucional. *In:* **Themis**, Fortaleza. v. 1. n. 1. p. 93-102, 1997.

– o Conselho Federal da Ordem dos Advogados do Brasil; VIII – partido político com representação no Congresso Nacional; IX – confederação sindical ou entidade de classe de âmbito nacional.

E mais. Alguns legitimados são denominados **especiais**, pois devem demonstrar a **pertinência temática**[10] na propositura da ação (art. 103, IV,V e IX) – *a Mesa de Assembleia Legislativa ou da Câmara Legislativa do Distrito Federal; o Governador de Estado ou do Distrito Federal e confederação sindical ou entidade de classe de âmbito nacional*. Ao passo que os demais são conhecidos como **legitimados neutros ou universais.**

Enfim, a contar da República, são mais de 120 anos de instituição desse órgão brasileiro que deve zelar pela Constituição, afastando atos contrários, bem como realizar o papel de última instância recursal, conforme a seguir exposto.

3.2 O PAPEL DO SUPREMO TRIBUNAL FEDERAL NO CONTROLE DE CONSTITUCIONALIDADE

Na sistemática da Constituição de 1988, o Supremo Tribunal atua como a corte responsável pelo controle concentrado ou abstrato de constitucionalidade (modelo austríaco, defendido por Hans Kelsen), bem como o controle difuso ou incidental (modelo estadunidense). Como guardião da Constituição (art. 102 da Constituição Federal), o Supremo Tribunal Federal tem o objetivo refutar qualquer lei ou ato normativo, criado sob sua égide, que frontalmente conflite com o Texto Maior.

Destaca-se que, no modelo abstrato, a preocupação maior é a regularidade do ordenamento jurídico. Prevalece o **princípio da unidade da Constituição**, de modo que todo o sistema deve ser constituído por normas harmônicas, deixando-se de lado os casos concretos. Por tal razão, qualquer ato normativo que desborde será, em regra, declarado **nulo** (teoria da nuli-

10 A legitimidade ativa da confederação sindical, entidade de classe de âmbito nacional, mesas das assembleias legislativas e governadores, para a ação direta de inconstitucionalidade, vincula-se ao objeto da ação, pelo que deve haver pertinência da norma impugnada com os objetivos do autor da ação. Precedentes do STF: ADI 305/RN (RTJ 153/428); ADI 1.151/MG (*DJ* de 19-5-1995); ADI 1.096/RS (Lex-JSTF, 211/54); ADI 1.519/AL, julgamento em 6-11-1996; ADI 1.464/RJ, *DJ* de 13-12-1996. Inocorrência, no caso, de pertinência das normas impugnadas com os objetivos da entidade de classe autora da ação direta) [ADI 1.507 MC-AgR, rel. min. Carlos Velloso, j. 3-2-1997, P, *DJ* de 6-6-1997.]

dade) e extirpado do ordenamento, com eficácia geral (*erga omnes*), efeito vinculante (de observância obrigatória para a Administração Pública e Poder Judiciário), isto é, deixa de ter validade. Excepcionalmente, por razões de segurança jurídica e relevante interesse social, admite-se a modulação de efeitos, o que conduz à teoria da anulabilidade, no sentido de se anular o ato de um dado momento para o futuro; é o denominado efeito *ex nunc* ou prospectivo, conforme preceitua o art. 27 da Lei n. 9.868/99.

Por outro lado, no controle difuso, seja em ações originárias (*habeas corpus*, mandado de segurança, ação penal, mandado de injunção), seja fase recursal (recurso ordinário constitucional, recurso extraordinário), o Supremo Tribunal Federal avalia um caso concreto, no qual há uma lide travada entre duas partes. A declaração de inconstitucionalidade ocorre de forma incidental, com o objetivo de solucionar aquele respectivo caso fundado na lei ou ato normativo que conflita com norma constitucional.

Como se nota, o Supremo Tribunal Federal assume duas formas de controle, entretanto não é, tipicamente, uma Corte Constitucional, eis que realiza o controle difuso com a prevalência do caso concreto, bem como pela forma de nomeação de seus ministros que são escolhidos pelo Presidente da República com aval do Senado Federal (art. 101 da Constituição Federal) para um cargo vitalício, ou seja, até a aposentadoria por idade, conforme a regra do art. 40, § 1°, II, da Constituição.

Neste diapasão, vale destacar a opinião do constitucionalista José Afonso da Silva, para quem "o Brasil seguiu o sistema norte-americano evoluindo para um sistema misto e peculiar [...] sem que isso aproxime o STF das Cortes Constitucionais Europeias, cujo controle não se baseia em ações direta [...][11]". Mais à frente, José Afonso critica que "não será – note-se bem – por culpa do colendo Tribunal se não vier a se realizar-se plenamente como guardião da Constituição; mas do sistema que esta própria manteve [...][12]". Registra-se a preocupação de Silva, porquanto o Supremo não se dedica, exclusivamente, a resolver casos abstratos, mas sim soluciona, também, as lides concretas que lhe são apresentadas originariamente ou em grau recursal.

---

11 SILVA, José Afonso da. **Comentário Contextual à Constituição.** 8ª edição. São Paulo: Malheiros, 2012. p. 546.

12 Ibidem. p. 546-547.

Forçoso reconhecer que, neste determinante encargo de examinar leis ou atos normativos, o Supremo Tribunal Federal vale-se da Hermenêutica Constitucional, exteriorizadas por suas técnicas de interpretação, a fim de, assim como os demais poderes, extrair as normas que mais se coadunam com o sistema constitucional.

A partir da análise de julgados significativos à sociedade, busca-se apurar a ocorrência ou não da mutação, especialmente, pela via interpretativa, ou se o Supremo Tribunal desborda de sua função constitucional, assumindo função de legislador positivo. De outro modo, quer-se compreender se o Supremo Tribunal apenas interpreta ou se passou a assumir a função que é típica do Poder Legislativo – órgão que possui legitimidade oriunda da representação popular. Tal consideração é de grande relevância, pois as decisões da Egrégia Corte configuram-se como normas constitucionais.

Desde já, para fins desta pesquisa, afastam-se as ideias que se aproximam do pensamento decisionista. Admitir tal premissa seria inverter completamente as etapas do processo interpretativo e, em última análise, as bases do Estado de Direito (certeza e segurança jurídica). Conquanto os intérpretes, sobretudo os membros do Poder Judiciário devam sim reconhecer o contexto social, político e econômico para formar seu livre convencimento e decidir, precisam partir do regramento já estabelecido. Caso contrário, permitir-se-ia que primeiro se "escolhesse" o teor da decisão para depois justificá-la. Estaríamos diante de total arbitrariedade no campo jurídico.

Por último, é oportuno ponderar que a inauguração da TV Justiça, em agosto de 2002[13], deu maior visibilidade ao Supremo Tribunal, eis que as sessões plenárias passaram a ser televisionadas a toda população. A publicidade dos procedimentos, o maior reconhecimento dos ministros e a crescente judicialização de casos de contexto político, inegavelmente, escancarou as virtudes e vicissitudes do tribunal e de seus componentes. Sobre o caso, o ex-ministro e jurista, Eros Grau, tece crítica à espetacularização dos julgamentos, afirmando que

> [...] as sessões de julgamento do STF não podem ser reproduzidas como espetáculo midiático [...] Por isso dado que a decisão judicial não é um espetáculo, mas um ofício, os julgamentos do Tribunal não podem ser ba-

---

13 Canal de televisão instituído por meio da Lei n. 10.461/2002, sancionada pelo Ministro do STF, Marco Aurélio Mello, no exercício da Presidência da República.

nalizados, transformados em programa de televisão. Isso é inadmissível entre os povos civilizados[14].

Ora, conquanto boa a publicidade dos julgamentos, os efeitos das transmissões se mostram negativos, porque tornou a corte afeta à **opinião pública**, o que, indiretamente, pode influenciar nas decisões, eis que pelo simples fato de serem humanos, os ministros estão sujeitos a certo grau de pressão popular. Ainda, não é de hoje que os ministros passaram a manter contato direto com a imprensa e, com frequência, acabam expondo desavenças, ou tecendo comentários acerca de bastidores do órgão ou, ainda, antecipando votos dos casos relevantes, o que é inclusive, vedado pela Lei Orgânica da Magistratura (art. 36 da Lei Complementar 35/1979); ou, pior, protagonizam cenas de total quebra de decoro em razão da função ocupada. A publicidade, o conhecimento do funcionamento do órgão e de suas competências não é ruim, mas a forma como tem sido feita no país, nos últimos anos, contribui para o descrédito da própria instituição.

Desta feita, passar-se-á ao estudo de casos proferidos pelo Supremo Tribunal Federal à luz da Constituição de 1988, com o intuito de identificar a forma de interpretação jurídica e eventual ocorrência de mutação constitucional.

3.3 DO ESTUDO DE CASOS

Neste último tópico, procede-se com o estudo de casos mediante a análise dos fundamentos dos principais votos dos ministros do Supremo Tribunal no julgamento de casos icônicos como o da infidelidade partidária; do reconhecimento da união estável homoafetiva; da abstrativização do controle difuso de constitucionalidade; e da criminalização da homofobia e transfobia. A fim de facilitar a compreensão, organizamos os acórdãos em ordem cronológica.

3.3.1 (In)fidelidade partidária

Em 2007, o Supremo Tribunal enfrentou discussão a respeito da fidelidade partidária, quando da impetração de mandados de segurança n. 26.602, 26.603 e 26.604, de relatoria dos ministros Eros Grau, Celso de Melo e

14 GRAU, Eros Roberto. **O Direito posto e o direito pressuposto.** 8ª edição. São Paulo: Malheiros, 2011. p. 340-341.

Cármen Lúcia, respectivamente. A celeuma iniciou-se quando o Tribunal Superior Eleitoral, em resposta à consulta n. 1.398, formulada pelo então Partido da Frente Liberal (atual Democratas – DEM), a qual definiu que o mandato parlamentar pertenceria ao partido político em caso de cancelamento de filiação ou de transferência do candidato eleito por um partido para outra legenda, conforme parte final do voto do Ministro Cesar Asfor Rocha do Tribunal Superior Eleitoral. Vejamos:

> Com esta fundamentação respondo afirmativamente à consulta do PFL, concluindo que os Partidos Políticos e as coligações conservam o direito à vaga obtida pelo sistema eleitoral proporcional, quando houver pedido de cancelamento de filiação ou de transferência do candidato eleito por um partido para outra legenda[15].

Cientes da resposta da consulta da corte eleitoral, diversos partidos políticos alegaram direito líquido e certo a reivindicar o mandato para si devido à desfiliação de parlamentares de seus quadros, dentre eles, o Partido Popular Socialista (PPS), Partido da Social Democracia Brasileira (PSDB) e Democratas (DEM) moveram junto à Mesa da Câmara dos Deputados, pedidos de declaração da vacância dos mandatos dos deputados federais que mudaram de partido e, por consequência, a posse dos suplentes. Ato contínuo, o então Presidente da Câmara, Deputado Arlindo Chinaglia, recusou os pedidos, sob a justificativa de que a Constituição não diz ser a infidelidade partidária causa de perda do mandato parlamentar.

Com a negativa da Mesa da Câmara, os partidos impetraram mandados de segurança junto ao Supremo Tribunal Federal, levando à cúpula do Judiciário a missão de definir se a resolução elaborada pela corte eleitoral era ou não constitucional. **Por maioria, o Supremo Tribunal, reconheceu a constitucionalidade da resolução do TSE**, concedendo a segurança e consignando que a infidelidade partidária é causa de perda de mandato nas eleições de sistema proporcional.

Em momento seguinte, o Tribunal Superior Eleitoral ratificou o entendimento por meio da **Resolução n. 22.526, de 27 de março de 2007**,

15 BRASIL. Tribunal Superior Eleitoral (TSE). **Resolução n. 22.610, de 25 de outubro de 2007** – Brasília – DF. Disponível em: http://www.tse.jus.br/legislacao/codigo-eleitoral/normas-editadas-pelo-tse/resolucao-nb0-22.610-de-25-de-outubro-de-2007-brasilia-2013-df. Acesso em: 11-11-2019, às 14h.

que mais tarde foi declarada constitucional, diante do julgamento das ações diretas de inconstitucionalidade (ADIs) n. 3.999/DF, 4.086/DF e 5.081/DF, em especial, a última na qual o Supremo determinou que a perda do mandato por infidelidade aplica-se apenas aos parlamentares eleitos pelo sistema proporcional, excluindo aqueles eleitos pelo sistema majoritário.

O tema discutido cinge-se à perda do mandato parlamentar no sistema proporcional. Nesse aspecto, o **art. 55 da Constituição Federal**, apresenta as seguintes hipóteses: *I – que infringir qualquer das proibições estabelecidas no artigo anterior; II – cujo procedimento for declarado incompatível com o decoro parlamentar; III – que deixar de comparecer, em cada sessão legislativa, à terça parte das sessões ordinárias da Casa a que pertencer, salvo licença ou missão por esta autorizada; IV – que perder ou tiver suspensos os direitos políticos; V – quando o decretar a Justiça Eleitoral, nos casos previstos nesta Constituição; VI – que sofrer condenação criminal em sentença transitada em julgado.*

A leitura da norma supracitada demonstra que o constituinte especificou as hipóteses que implicariam na perda do mandato, sendo que a infidelidade partidária não foi uma delas. Por se tratar de norma gravosa, deve ser interpretada restritivamente, sendo, portanto, taxativo o rol do art. 55 da Constituição. Aliás, registra-se que sequer há menção à regulamentação futura mediante lei, o que reforça a tese da taxatividade.

E mais. Tal opção do constituinte fica mais evidente quando se observa que a Constituição anterior de 1967, com a redação dada pela Emenda Constitucional n. 1/1969, expressamente, continha a infidelidade como causa de perda do mandato (art. 35, V)[16]. Ora, se havia a possibilidade e, em 1988, não foi replicada, é crível entender que o constituinte originário assim não quis e, por ser decisão soberana, deve ser respeitada. Nesse sentido, de acordo com André Garcia Xerez Silva, a resolução:

> (...) cuja natureza jurídica pode ser facilmente equiparada à força de uma emenda constitucional, promulgada pelo Tribunal Superior Eleitoral no exercício do poder constituinte derivado, ultrapassando, violentamente, sua competência para editar norma de caráter regulamentar, na medida em que criou normas em sentido estrito, de natureza genérica e abstrata, acompanhadas de rito processual para disciplinar a perda do mandato eletivo[17].

---

16 Art. 35. Perderá o mandato o deputado ou senador.
[...] V – que praticar atos de infidelidade partidária, segundo o previsto no parágrafo único do artigo 152.

17 SILVA, André Garcia Xerez. Fidelidade Partidária e Tempo Mínimo de filiação como con-

O citado autor expõe que a resolução do corte eleitoral transmudou-se em emenda constitucional ao criar nova hipótese de perda do mandato parlamentar. Nada obstante, destaca-se que a Constituição permite que Lei Complementar estabeleça outras hipóteses de inelegibilidade, consoante o art. 14, § 9º. Ocorre que, no caso em tela, a medida veio por meio de uma consulta ao Tribunal Superior Eleitoral que, posteriormente, foi materializada em resolução. Contudo, o Supremo Tribunal Federal ratificou que a resolução citada poderia assim determinar, o que leva à reflexão acercada criação de uma nova hipótese de perda do mandato de parlamentar.

Ora, com base nas doutrinas mencionadas nos capítulos anteriores, pode-se afirmar que Supremo realizou mutação constitucional, porquanto considerou que uma nova hipótese estaria inserida no texto constitucional, mesmo que não prevista expressamente, isto é, alterou o alcance da norma do art. 55, mantendo texto intacto.

No julgamento do MS 26.602-3/DF, o ministro Eros Grau, negando a segurança, consignou que apenas se poderia julgar o remédio constitucional, se aceita a mutação constitucional da norma do art. 55 da Constituição Federal, caso contrário, sequer deveria ser conhecido, vejamos:

> [...] apenas a transformação do sentido do enunciado da Constituição, sem que o próprio texto seja alterado em sua redação, é que se poderia admitir a presente interpretação.Vale dizer, apenas se operada a mutação constitucional, admitindo nova hipótese de perda de mandato, é que o presente mandado de segurança pode ser analisado[18].

O próprio ministro, embora vencido quanto à impossibilidade do Supremo reconhecer essa nova hipótese de perda do mandato, iniciou o voto aludindo à existência da mutação para fins de analisar a demanda. Merece destacar que durante os debates, os ministros do Supremo Tribunal Federal evocaram argumentos como a participação democrática na sociedade moderna (democracia participativa e indireta), exaltaram a figura dos partidos políticos, bem como a própria filiação partidária que é exigida pelo texto

---

dição de elegibilidade. *In*: CAGGIANO, Monica Herman Salem (org.); LEMBO, Claudio Salvador (org.). **Reforma Política: um mito inacabado**. Barueri: Manole, 2017. p. 121.

18 SUPREMO TRIBUNAL FEDERAL (STF). **Mandado de Segurança n. 26.602**. Relator Ministro Eros Grau. *DJ* 4-10-2007.

constitucional como condição de elegibilidade (art. 14, § 3º, V, da CF). Nesse sentido, em seu voto, a ministra Carmem Lúcia assim expôs:

> O partido político concentra, então, no figurino constitucionalmente acolhido no Brasil, a condição de instituição cujo destino é viabilizar os interesses e ideais dos cidadãos, apresentando, em seus programas, o que se pode concretizar e como podem os objetivos apresentados à cidadania ser atingidos, segundo o seu entendimento do que seja o bem de todos[19].

Na sequência, a citada ministra sustenta e interpreta que, conquanto implícito, a filiação partidária é um **compromisso do parlamentar com o partido, com o eleitorado e deve ser respeitado.** A magistrada frisa que, segundo essa ótica, a desfiliação não é ato ilícito a perda do mandato não configuraria sanção, porquanto o próprio parlamentar é quem opta por trocar de legenda, sendo, na realidade, o exercício da liberdade de associação (art. 5º, XX, da CF). Todavia, o parlamentar não pode pressupor que sua opção seja totalmente livre e alheia ao partido, pois o parlamentar só é eleito em razão do partido e não há representação de sigla e sim de partido, segundo a Ministra Carmem Lúcia:

> [...] 41. A fidelidade partidária é, neste figurino, um corolário jurídico lógico e necessário do sistema constitucional positivado, sem necessidade de ser estampado de forma expressa e sem que os princípios possam ser atendidos sem atenção à sua presença no sistema. Sem aquela exigência, não haveria como se dar concretude ao modelo de representação por meio de partidos políticos.
> [...]
> No caso em pauta, a desfiliação de um partido e afiliação subsequente a outro é lícita para o parlamentar. Oque não pode ser assim considerado é a detenção do mandato por ele em detrimento do capital político obtido pelo partido a partir do quociente eleitoral fixado nas eleições. Ficar ou permanecer num determinado partido não é impositivo para quem quer que seja[20].

---

19 SUPREMO TRIBUNAL FEDERAL (STF). **Mandado de Segurança n. 26.604-0/DF.** Relatora Min. Carmem Lucia. *DJ* 4-10-2007. p. 58.

20 SUPREMO TRIBUNAL FEDERAL (STF). **Mandado de Segurança n. 26.604-0/DF.** Relatora Min. Carmem Lucia. *DJ* 4-10-2007. p. 63-64 e 70.

Haja vista o objetivo de trabalhar com a Hermenêutica Constitucional nesta pesquisa, forçoso mencionar que a própria ministra, no seu voto que concede em parte a segurança, justifica a que fidelidade partidária é extraída dos princípios constitucionais, mormente, os princípios da soberania popular e respeito à vontade do eleitor (art. 1°, parágrafo único, da CF/88)[21]. Em outros dizeres, a ministra interpretou os princípios que possuem carga valorativa abstrata e genérica e deles extraiu que haveria sim o dever do parlamentar de, embora não obrigado, assumir deveres com o partido pelo qual se elegeu.

Traz-se ao debate, também, a posição apresentada pelo Ministro Joaquim Barbosa, segundo o qual se o parlamentar, em especial, os deputados federais são escolhidos como representantes do povo, não haveria sentido que o partido o alijasse do mandato sem qualquer possibilidade de manifestação do representado (povo), segue o trecho abaixo:

> Em realidade, ao fazer uma opção por essa PARTIDOCRACIA, supostamente no intuito de preservar a vontade do eleitor, o que fez o Tribunal Superior Eleitoral foi alijar completamente o eleitor do processo de manifestação da sua vontade soberana. Tornou-o irrelevante, pois importante passaram a ser apenas os partidos[22].

O Ministro Barbosa ressalta que a figura dos partidos políticos é relevante para democracia, pois são as formas associativas de discussão e implementação da política no país. Contudo, os parlamentares, ao menos os deputados, conforme o Texto Maior brasileiro, são representantes do povo e, por isso, têm o seu mandato vinculado ao representado e não ao partido. E mais. Eventuais punições aos parlamentares decorrem de sua atuação interna, bem como conduta deles dentro do próprio partido, sendo que, de modo algum, ficaria impedida sua desfiliação do partido e, caso ocorra, não se pode atribuir a sanção da perda do mandato.

A liberdade associativa (art. 5°, XX, c.c o art. 17, ambos da Constituição vigente) é a base para a troca de legenda, sem que implique em sanções. Sob esse prisma, Nagao enfatiza que "a fidelidade partidária no Brasil diz

---

21 SUPREMO TRIBUNAL FEDERAL (STF). **Mandado de Segurança n. 26.604-0/DF**. Relatora Min. Carmem Lucia. *DJ* 4-10-2007. p. 65.

22 SUPREMO TRIBUNAL FEDERAL (STF). **Mandado de Segurança n. 26.604-0/DF**. Relatora Min. Carmem Lucia. *DJ* 4-10-2007. p. 7 do voto do Min. Joaquim Barbosa.

respeito ao cumprimento ou não da plataforma eleitoral e dogmas partidário e não à mudança de agremiação, como se interpreta do art. 17, § 1°, da Constituição Federal[23]".

Acerca da decisão proferida pela Corte brasileira, Elival da Silva Ramos tece ferrenha crítica ao asseverar que um princípio constitucional não pode servir de pretexto argumentativo ao Poder Judiciário para impor normatização que ultrapasse os lindes de sua competência antes de aplicação do que de criação de normas disciplinadoras de conduta[24]. De fato, a crítica é totalmente pertinente e comunga-se da mesma conclusão. O objetivo do Supremo ao julgar este caso é até compreensível, eis que buscou suprimir a inércia congressual em regulamentar uma situação fática não prevista – infidelidade partidária. Todavia, a Egrégia Corte jamais poderia ter "criado" nova hipótese de perda do mandato da forma como fez.

Deve-se partir do princípio de que o constituinte originário ao estabelecer um rol específico (taxativo) sobre a perda de mandato, não quis contemplar outras hipóteses. Percebe-se a aplicação elástica dos princípios no trecho do voto do ministro Gilmar Mendes ao consignar que:

> A decisão da Justiça Eleitoral renova a leitura que se vinha fazendo a respeito da fidelidade partidária após a Constituição de 1988 e, nesse sentido, torna imperiosa a revisão também da jurisprudência desta Corte, a partir de uma nova leitura do texto constitucional, baseada nos princípios da democracia partidária, da representação proporcional, do pluralismo político e da fidelidade partidária[25].

No desfecho de seu voto, o ministro Gilmar Mendes esclarece que realizar mutação, de modo algum, significa dizer que o houve erro por parte do tribunal, mas sim a adaptação do texto à nova realidade, senão vejamos:

> a afirmação da mutação não implica no reconhecimento, por parte da Corte, de erro ou equívoco interpretativo do texto constitucional em julgados pretéritos. Ela reconhece e afirma, ao contrário, a necessidade da

---

23 NAGAO, Daniel. Op. cit., p. 124.

24 RAMOS, Elival da Silva. Op. cit., p. 254.

25 SUPREMO TRIBUNAL FEDERAL (STF). **Mandado de Segurança n. 26.604-0/DF**. Relatora Min. Carmem Lucia. *DJ* 4-10-2007. p. 9 do voto do Min. Gilmar Mendes.

contínua e paulatina adaptação dos sentidos possíveis da letra da Constituição à realidade que a circunda[26].

Deste modo, apesar de entendimentos em sentido contrário, infere-se que o Supremo Tribunal Federal – Judiciário, em relação à fidelidade partidária avançou o sinal e, com isso, exerceu verdadeira função legislativa. A decisão da corte brasileira afrontou o princípio da separação dos poderes (art. 2° da CF) e na segurança jurídica (art. 5°, *caput*, da CF) ao dar uma resposta eminentemente política à sociedade, o que torna a **mutação inconstitucional, ou seja, o órgão judicial interpretou o texto constitucional contra as suas próprias normas.** O caminho ideal seria a efetiva alteração formal da constituição, perpetrada pelo Congresso Nacional, como Poder Constituinte Derivado.

3.3.2 Reconhecimento da união estável homoafetiva

Em 2011, o Supremo Tribunal Federal enfrentou o tema do reconhecimento da união estável para casais do mesmo sexo (homoafetiva) ao julgar a Arguição de Descumprimento de Preceito Fundamental (ADPF) n. 132/RJ e a Ação Direta de Inconstitucionalidade (ADI) n. 4.277/DF, ambas de relatoria do ministro Ayres Britto, tendo sido propostas pelo Governador do Rio de Janeiro e pela Procuradoria-Geral da República, respectivamente.

Em síntese, as ações buscavam a interpretação conforme do art. 1.723[27] do Código Civil brasileiro que seguia redação similar ao art. 226, § 3°, da Constituição Federal[28], no sentido de excluir qualquer interpretação que impedisse o reconhecimento da união estável homoafetiva. Ao final, o **Supremo, por votação unânime, julgou procedentes os pedidos das ações, aplicando à união homoafetiva as mesmas regras e consequências da união estável heteroafetiva.**

---

26 SUPREMO TRIBUNAL FEDERAL (STF). **Mandado de Segurança n. 26.604-0/DF.** Relatora Min. Carmem Lucia. *DJ* 4-10-2007. p. 47 do voto do Min. Gilmar Mendes.

27 Art. 1.723. É reconhecida como entidade familiar a união estável entre o homem e a mulher, configurada na convivência pública, contínua e duradoura e estabelecida com o objetivo de constituição de família.

28 Art. 226. A família, base da sociedade, tem especial proteção do Estado [...] § 3° Para efeito da proteção do Estado, é reconhecida a união estável entre o homem e a mulher como entidade familiar, devendo a lei facilitar sua conversão em casamento.

A decisão significou um grande avanço para a sociedade brasileira e, também, para a comunidade LGBT, permitindo que muitas situações informais pudessem ser reconhecidas e regularizadas. Todavia, é salutar que observemos a forma como os ministros construíram esse entendimento e alteraram o significado do texto da Constituição que ainda prescreve que a união estável se dá apenas entre homem e mulher (distinção de gênero).

Inicialmente, o caso demonstra o abismo entre Direito e a realidade dos fatos, aliás, o que fica bastante claro no início do voto do ministro Joaquim Barbosa ao dizer que as mudanças sociais avançam de modo muito mais célere que o Direito, conforme trecho a seguir transcrito:

> [...] estamos diante de uma situação que demonstra claramente o descompasso entre o mundo dos fatos e o universo do Direito. Visivelmente nos confrontamos aqui com uma situação em que o Direito não foi capaz de acompanhar as profundas e estruturais mudanças sociais, não apenas entre nós brasileiros, mas em escala global[29].

A par da constatação do ministro, os votos dos demais ministros cingem-se à questão de entender cabível ou não a união estável homoafetiva a partir da interpretação conforme do art. 1.723 do Código Civil, sendo que, conquanto os ministros tenham chegado ao mesmo resultado prático (final), o embasamento teórico foi divergente entre alguns deles, sobretudo dos ministros Ricardo Lewandowski e Gilmar Mendes que trouxeram argumentos bastante plausíveis à discussão da causa.

O primeiro voto lançado é do relator ministro Ayres Britto, cujo fundamento pauta-se nos princípios fundamentais da República (arts. 1° a 4° da CF), consignando que o Estado deve garantir a **dignidade da pessoa humana**, bem como promover o bem de todos sem qualquer discriminação, deixando claro que o sexo do indivíduo jamais pode ser fator de desigualdade[30].

No tocante à interpretação, o ministro Britto compreende que o *caput* do art. 226 trata de família sem qualquer referência ao sexo ou gênero dos

---

29 SUPREMO TRIBUNAL FEDERAL (STF). **ADPF n. 132/RJ.** Relatoria do Min. Ayres Britto. *DJ* 5-5-2011. Voto do Ministro Joaquim Barbosa. p. 116.

30 SUPREMO TRIBUNAL FEDERAL (STF). **ADPF n. 132/RJ.** Relatoria do Min. Ayres Britto. *DJ* 5-5-2011. Voto do Ministro Ayres Britto. p. 26.

indivíduos, devendo esse instituto ser compreendido sob uma perspectiva mais ampla, contemplando as diversas configurações familiares existentes na sociedade. Demais disso, Britto compreende que o uso da expressão "entidade familiar" no § 3° do art. 226 da CF é sinônima ao conceito amplo de família previsto no *caput* do mesmo artigo. Ao final, pondera que a utilização dos termos homem e mulher pelo constituinte visou igualar a mulher nesta relação fática, sem que houvesse qualquer hierarquia entre ambos:"

> [...] que a normação desse novo tipo de união, agora expressamente referida à dualidade do homem e da mulher, também se deve ao propósito constitucional de não perder a menor oportunidade de estabelecer relações jurídicas horizontais ou sem hierarquia entre as duas tipologias do gênero humano, sabido que a mulher que se une ao homem em regime de companheirismo ou sem papel passado ainda é vítima de comentários desairosos de sua honra objetiva[31] [...]

Dessa forma, o ministro conclui seu voto, afirmando que entidade familiar é o mesmo que "família" e, com base no *caput* do art. 226 e nos princípios constitucionais, a união estável homoafetiva encontra-se nela abrangida, razão pela qual julgou procedente o pedido. Nítido que o ministro relator adotou interpretação muito mais ampla do termo "família", deixando de lado o texto expresso e decidindo à luz dos princípios fundamentais. Não há dúvida de que o termo é fruto da história e na contemporaneidade, há diversas modalidades de família existentes (exs.: matrimonial, monoparental, paralelas, reconstituídas etc.). Vale registrar que os princípios são elásticos e amoldam-se às inúmeras situações fáticas. Para Britto, os pilares da República (princípios) prevaleceriam sobre regras mais concretas do mesmo texto constitucional.

Em contrapartida, raciocínio distinto foi desenvolvido pelos Ministros Lewandowski e Mendes que, de modo expresso, entenderam que no § 3° do art. 226 não é possível enquadrar a união homoafetiva, pois o texto é categórico ao tratar apenas de homem e mulher. Contudo, vislumbraram a existência de uma **lacuna no texto**, ainda que provisória, que deve ser solucionada pelo julgador.

---

31 SUPREMO TRIBUNAL FEDERAL (STF). **ADPF n. 132/RJ.** Relatoria do Min. Ayres Britto. *DJ* 5-5-2011. Voto do Ministro Ayres Britto. p. 45.

Em seu voto, o Ministro Ricardo Lewandowski volta-se às origens da norma constitucional, isto é, expondo os debates da Assembleia Constituinte, nos quais resta claro que foi vontade dos legisladores da época excluir a união estável homoafetiva, conforme trecho a seguir:

> Verifico, ademais, que, nas discussões travadas na Assembleia Constituinte a questão do gênero na união estável foi amplamente debatida, quando se votou o dispositivo em tela, concluindo-se, de modo insofismável, que a união estável abrange, única e exclusivamente, pessoas de sexo distinto. Confira-se abaixo:
> 'O SR. CONSTITUINTE GASTONE RIGHI: – Finalmente a emenda do constituinte Roberto Augusto. É o art. 225 (sic), § 3º. Este parágrafo prevê: 'Para efeito da proteção do Estado, é reconhecida a união estável entre homem e mulher como entidade familiar, devendo a lei facilitar sua conversão em casamento'
> Tem-se prestado a amplos comentários jocosos, seja pela imprensa, seja pela televisão, com manifestação inclusive de grupos gaysés do País, porque com a ausência do artigo poder-se-ia estar entendendo que a união poderia ser feita, inclusive, entre pessoas do mesmo sexo. Isto foi divulgado, por noticiário de televisão, no showástico, nas revistas e jornais. O bispo Roberto Augusto, autor deste parágrafo, teve a preocupação de deixar bem definido, e se no §º: 'Para efeito de proteção do Estado, é reconhecida a união estável entre o homem e a mulher como entidade familiar, devendo a lei facilitar sua conversão em casamento'. Claro que nunca foi outro o desiderato desta Assembleia, mas, para se evitar toda e qualquer malévola interpretação deste austero texto constitucional, recomendo a V. Exa. que me permitam aprovar pelo menos uma emenda.
> O SR. CONSTITUINTE ROBERTO FREIRE: – Isso é coação moral irresistível.
> O SR. PRESIDENTE (ULYSSES GUIMARÃES): – Concedo a palavra ao relator.
> O SR. CONSTITUINTE GERSON PERES: – A Inglaterra já casa homem com homem há muito tempo.
> O SR. RELATOR (BERNARDO CABRAL): – Sr. Presidente, estou de acordo.
> O SR. PRESIDENTE (ULYSSES GUIMARÃES): – Todos os que estiverem de acordo permaneçam como estão. (Pausa). Aprovada (Palmas)."

> Os constituintes, como se vê, depois de debaterem o assunto, optaram, inequivocamente, pela impossibilidade de se abrigar a relação entre pessoas do mesmo sexo no conceito jurídico de união estável.[32]

Por tal razão, segundo o Ministro, não há possibilidade de se interpretar em outro sentido, a fim de abranger no § 3º do art. 226 da Constituição outra modalidade de união que não a entre homem e mulher. Em que pese tal consideração, o Ministro aduz que o *caput* do art. 226 da Constituição é mais amplo e permite que, dentro da acepção de família, outras modalidades que se encontram na clandestinidade na sociedade brasileira possam, efetivamente, serem reconhecidas. Note-se que o Ministro não aplica uma interpretação extensiva ao § 3º do art. 226, como o relator fez. Compreende, Lewandowski, que diante do reconhecimento da lacuna no texto constitucional, eis que a união entre pessoas do mesmo sexo não estaria contemplada, para que haja a integração do Direito e pudesse ser garantida a proteção jurídica a esta realidade, a analogia deveria ser aplicada.

De seu turno, o Ministro Gilmar Mendes, seguindo a linha de raciocínio do Ministro Lewandowski, enfatiza que a interpretação do texto constitucional encontra limites, de sorte que não pode ser realizada na contramão da literalidade textual, sob pena de tornar o Poder Judiciário legislador positivo. Segue o trecho:

> A interpretação conforme a Constituição, por isso, apenas é admissível se não configurar violência contra a expressão literal do texto (Bittencourt, Carlos Alberto Lucio. O controle jurisdicional da constitucionalidade das leis. 2. ed. Rio de Janeiro, p. 95) e se não alterar o significado do texto normativo, com mudança radical da própria concepção original do legislador (ADIn 2405-RS, Rel. Min. Carlos Britto, *DJ* 17-2-2006; ADIn 1344-ES, Rel. Min. Joaquim Barbosa, *DJ* 19-4-2006; RP 1417-DF, Rel. Min. Moreira Alves, *DJ* 15-4-1988; ADIn 3046-SP, Rel. Min. Sepúlveda Pertence, *DJ* 28-5-2004)[33].

---

32 SUPREMO TRIBUNAL FEDERAL (STF). **ADPF n. 132/RJ.** Relatoria do Min. Ayres Britto. *DJ* 5-5-2011. Voto do Ministro Ricardo Lewandowski, p.105.

33 SUPREMO TRIBUNAL FEDERAL (STF). **ADPF n. 132/RJ.** Relatoria do Min. Ayres Britto. *DJ* 5-5-2011. Voto do Ministro Gilmar Mendes, p.147.

Vale aqui destacar que, em razão do próprio neoconstitucionalismo/neopositivismo, nos últimos anos, é notória a maior atuação do Poder Judiciário que, especialmente, diante da inércia dos outros poderes, têm conquistado espaço para a resolução de conflitos sociais. Dentro deste debate, traz-se à colação trecho do voto do ministro Marco Aurélio, neste julgamento, que pondera acerca da conjugação entre Direito e Moral, na lógica nepositivista:

> Em síntese, se não é possível conceber o Direito e a moral como duas esferas independentes, como queria Kelsen, também não se pode adotar a teoria dos círculos concêntricos, preconizada por Jeremy Bentham (citado por Paulo Nader, Introdução ao estudo do Direito, 2010, p. 42), que considera a ordem jurídica inteiramente circunscrita ao campo da moral. Moral e Direito devem ter critérios distintos, mas caminhar juntos. O Direito não está integralmente contido na moral, e vice-versa, mas há pontos de contato e aproximação[34].

Ademais, como pontuado pelo ministro Gilmar Mendes, o Supremo Tribunal Federal atuou desta forma, em algumas situações, com o objetivo primordial de **efetivar direitos** e ressaltar a **força normativa da Constituição**, conforme o trecho abaixo transcrito:

> [...] Portanto, é certo que o Supremo Tribunal Federal já está se livrando do vetusto dogma do legislador negativo, aliando-se, assim, à mais progressiva linha jurisprudencial das decisões interpretativas com eficácia aditiva, já adotada pelas principais Cortes Constitucionais do mundo. A assunção de uma atuação criativa pelo Tribunal pode ser determinante para a solução de antigos problemas relacionados à inconstitucionalidade por omissão, que muitas vezes causa entraves para a efetivação de direitos e garantias fundamentais assegurados pelo texto constitucional[...][35]

Observa-se do excerto menção às**decisões manipulativas.** Trata-se de decisão, na qual o julgador modifica a formulação da norma, isto é, amplia

34 SUPREMO TRIBUNAL FEDERAL (STF). **ADPF n. 132/RJ**. Relatoria do Min. Ayres Britto. *DJ* 5-5-2011. Voto do Ministro Gilmar Mendes. p. 205.

35 SUPREMO TRIBUNAL FEDERAL (STF). **ADPF n. 132/RJ**. Relatoria do Min. Ayres Britto. *DJ* 5-5-2011. Voto do Ministro Gilmar Mendes, p. 154.

ou substitui aquilo que foi determinado pelo legislador. De acordo com a doutrina, podem ser subdividas em **(i) sentenças aditivas e; (ii) sentenças substitutivas ou criativas**[36]. No primeiro caso, a corte ao declarar uma norma inconstitucional supre uma omissão parcial do legislador. No segundo caso, o julgador declara a inconstitucionalidade da norma e acrescenta um sentido diferente; há verdadeira substituição de um fragmento da norma por outro. Conforme Mendes, o Supremo Tribunal, nos últimos anos, utilizou-se de tais técnicas na prolação de diversos acórdãos[37].

Na sequência, fincadas as bases de seu voto, o ministro Gilmar Mendes infere que não é possível interpretar que a união estável homoafetiva está inserida no texto do § 3° do art. 226, bem como do art. 1.723 do Código Civil. Contudo, assevera que a união homoafetiva é considerada em decorrência de direitos de minorias, de direitos fundamentais básicos em nossa Constituição, do direito fundamental à liberdade de livre desenvolvimento da personalidade do indivíduo e da garantia de não discriminação dessa liberdade de opção[38]. Como dito, o ministro argumenta no sentido de que se aplicar a analogia e equiparar os efeitos da união heteroafetiva à união homoafetiva.

Com efeito, observa-se que o Supremo Tribunal, no que tange à união estável homoafetiva, aplicou a interpretação conforme a Constituição ao art. 1.773 do Código Civil e, considerando que a união de pessoas do mesmo sexo é uma realidade (fato), como forma de concretizar direitos, reconheceu sua existência, aplicando as mesmas regras da união estável heteroafetiva prevista no art. 226, § 3°, do Texto Maior. De outro modo, a Corte Constitucional adicionou à norma do art. 1.773 do Código Civil nova incidência, dando a ela novos destinatários.

Por fim, cumpre salientar que, com muito cuidado, o Supremo Tribunal deve se valer das técnicas das decisões manipulativas, porquanto a sua diretriz é de legislador negativo, não havendo qualquer regulamentação expressa sobre a forma como tais espécies de decisão podem e devem ser utilizadas.

---

36 RAMOS, Elival da Silva. **Ativismo Judicial: parâmetros dogmáticos**. 2ª edição. São Paulo: Saraiva, 2015. p. 221.

37 SUPREMO TRIBUNAL FEDERAL (STF). **ADPF n. 132/RJ**. Relatoria do Min. Ayres Britto. *DJ* 5-5-2011. Voto do Ministro Gilmar Mendes, p. 151.

38 SUPREMO TRIBUNAL FEDERAL (STF). **ADPF n. 132/RJ**. Relatoria do Min. Ayres Britto. *DJ* 5-5-2011. Voto do Ministro Gilmar Mendes. p. 194.

Em suma, o contexto histórico revela que não foi opção do constituinte originário permitir ou mesmo regulamentar a união homoafetiva. Todavia, sendo uma **realidade na sociedade brasileira e mundial**, o Supremo adotou a **mutação constitucional,** ainda que a discussão fosse atinente à norma infraconstitucional, reconheceu o fato e o equiparou à união estável heteroafetiva, especialmente, diante da consecução dos princípios constitucionais e da inércia dos outros Poderes. Neste caso, entende-se que não houve violação do texto, porquanto a efetivação dos direitos e proteção aos grupos minoritários, sem dúvida, são objetivos da sociedade brasileira. E mais, tem-se aqui uma interpretação evolutiva e não histórica, pois essa última conduziria à exclusão dessa nova realidade.

3.3.3 Abstrativização do controle difuso

A redação do art. 52 da Constituição Federal, que trata da competência privativa do Senado Federal, dispõe, em seu inciso X, que compete ao Senado "suspender a execução, no todo ou em parte, de lei declarada inconstitucional por decisão definitiva do Supremo Tribunal Federal[39]". O referido dispositivo aplica-se à sistemática do controle difuso ou incidental de constitucionalidade, sendo que ao ser declarada a inconstitucionalidade de uma lei ou de ato normativo, é função do Senado, mediante expedição de **resolução** (art. 59, VII, da CF), suspender a norma em todo o território com eficácia ampla e geral (*erga omnes*) e de forma prospectiva (*ex nunc*).

Essa fórmula ficou consagrada como **abstrativização do controle difuso**, ou seja, consiste na ampliação da eficácia de norma declarada inconstitucional pelo Judiciário e que, a princípio, só tinha eficácia entre as partes envolvidas na demanda judicial. Sob esse fundamento, a título de exemplo, recorda-se a edição da **Resolução n. 5/2012, do Senado Federal,** que suspendeu a eficácia do § 4º do art. 33 da Lei n. 11.343/2006, que vedava a conversão da pena privativa de liberdade em restritiva de direitos aos indivíduos que cometiam o crime de tráfico de drogas. A suspensão ocorreu após o Supremo Tribunal Federal declarar inconstitucional o aludido dispositivo da lei de drogas, no julgamento do *habeas corpus* n. 97.256/RS.

---

39 BRASIL. Constituição (1988). **Constituição da República Federativa do Brasil de 1988**. Brasília – DF: Presidência da República, [2019]. Disponível em:http://www.planalto.gov.br/ccivil_03/constituicao/constituicao.htm. Acesso em: 18-11-2019, às 16h15.

Ocorre que, em 2017, durante o julgamento das ações diretas de inconstitucionalidade (ADIs) de n.3.470/RJ e n. 3.406/RJ, ambas de relatoria da ministra Rosa Weber, que discutiam a inconstitucionalidade da Lei Estadual do Rio de Janeiro n. 3.579/2001, norma essa que tratava de permissão para extração de amianto crisotila, o Supremo Tribunal Federal, de forma incidental, **por maioria, reconheceu a inconstitucionalidade do art. 2º da Lei Federal n. 9.055/95**[40]**com eficácia *erga omnes* e efeito vinculante**. Ressalta-se que o fundamento da Lei n.9.055/95 sequer foi objeto das duas ações de controle concentrado. Na verdade, os ministros entenderam que para analisar a norma objeto da ação direta de inconstitucionalidade, deveriam antes avaliar a lei federal que cuidava do tema.

Desta feita, segundo a regra insculpida no art. 52, X, da Constituição Federal, a declaração incidental deveria ser comunicada ao Presidente do Senado Federal para que, esse órgão, se quisesse (juízo discricionário), pudesse suspender a eficácia da norma. Todavia, como será demonstrado, os ministros adotaram raciocínio distinto, perfazendo nova interpretação ao dispositivo constitucional.

Inicialmente, nos termos de seu voto, a relatora, ministra Rosa Weber, destacou a inconstitucionalidade incidental do art. 2º da Lei n. 9.055/95, ao dizer que não se coaduna com a proteção ao meio ambiente, à saúde e, tampouco com as normas de proteção internacionais que o Brasil é signatário, vejamos:

> Diante das determinações constitucionais direcionadas ao legislador, tenho por evidenciado que a tolerância ao uso do amianto crisotila, tal como positivada no art. 2º da Lei n. 9.055/1995, não protege adequada e suficientemente os direitos fundamentais à saúde e ao meio ambiente, tampouco se alinha aos compromissos internacionais de caráter supralegal assumidos pelo Brasil e que moldaram o conteúdo desses direitos, especialmente as Convenções n. 139 e 162 da OIT e a Convenção de Basileia, sendo caso de inconstitucionalidade por proteção insuficiente, em face dos arts. 6º, 7º, XXII, 196, e 225 da Constituição Federal[41].

---

40 Art. 2º O asbesto/amianto da variedade crisotila (asbesto branco), do grupo dos minerais das serpentinas, e as demais fibras, naturais e artificiais de qualquer origem, utilizadas para o mesmo fim, serão extraídas, industrializadas, utilizadas e comercializadas em consonância com as disposições desta Lei.

41 SUPREMO TRIBUNAL FEDERAL (STF). **ADI n. 3470/RJ**. Relatoria do Min. Rosa Weber. *DJ* 29-11-2017. Voto da Ministra Rosa Weber. p. 38-39.

Na sequência, durante os debates, o ministro Gilmar Mendes apresentou argumentos, a fim de dar nova interpretação ao art. 52, X, da Constituição, em especial, no sentido de "equalizar a decisão que se toma em sede de controle abstrato e a decisão que se toma em sede de controle incidental[42]". Sustentou, ainda, que o próprio Código de Processo Civil consagrou a força dos precedentes judiciais a serem observados pelos juízes e tribunais (art. 927 do CPC). Não bastasse, ressaltou que a competência atribuída ao Senado Federal ocorria da forma sazonal, sendo que, algumas vezes, havia suspensão das normas declaradas inconstitucionais pelo Supremo Tribunal.

O caso em tela revelou uma peculiaridade, pois a decretação do vício material do art. 2º da Lei n. 9.055/95, na forma incidental (apenas às partes), não excluiria a aplicação de norma no território nacional, pois os Estados que não tivessem regulamentação própria continuariam a se pautar no referido dispositivo que permaneceria vigente aos não envolvidos na demanda. Tampouco a decisão do Supremo Tribunal impediria o Congresso de legislar com base nesta mesma norma.

O ministro Fux, diante dos argumentos de Gilmar Mendes, anuiu em adotar a equivalência da decisão do controle difuso e concentrado e, ainda, ponderou que a norma do art. 52, X, seria mera chancela formal do Senado. Após, o ministro Dias Toffoli questionou o motivo de haver consequências diversas na declaração de inconstitucionalidade no controle difuso e concentrado, consignando que não teria sentido aguardar uma futura decisão do Senado para suspender a eficácia da norma, sendo que o art. 52, X, da Constituição, em verdade, remontaria a período em que o Diário Oficial levava três meses para chegar aos rincões do país:

> [...] a respeito da dimensão da decisão que nós estamos tomando aqui, qual seja, a aplicação do controle difuso, dando esse efeito *erga omnes* e praticamente vinculante também às deliberações deste Plenário. Nem poderia ser diferente: se o que se decide no controle abstrato tem uma consequência; no controle concreto teria outra? Por quê? O sentido do art. 52, X, da Constituição é para uma época em que o Diário Oficial levava 3 meses para chegar nos rincões do Brasil, uma época em que as decisões do Supremo

42 SUPREMO TRIBUNAL FEDERAL (STF). **ADI n. 3470/RJ**. Relatoria do Min. Rosa Weber. *DJ* 29-11-2017. Debate: manifestação do ministro Gilmar Mendes. p. 66.

> ou do Judiciário não eram publicadas em diários oficiais. Hoje, a TV Justiça transmite ao vivo e em cores para todo país o que nós estamos deliberando aqui. Não tem sentido ter que se aguardar uma deliberação futura para dar eficácia à decisão; ficamos nós, aqui, depois, a bater carimbo em relação a inúmeros processos que aqui chegam. Toda a evolução da jurisdição constitucional recente do Brasil foi exatamente no sentido de superarmos essa necessidade[43].

Em sentido divergente, o ministro Marco Aurélio prolatou seu voto, compreendendo que a literalidade da norma do art. 52, X, da Constituição Federal, deveria ser mantida, não considerando o Senado Federal como mero agente de publicação da decisão do Supremo Tribunal Federal, mas sim como o **detentor do poder** de estender ou não a eficácia da norma reconhecida como inconstitucional no controle incidental. Vejamos:

> Recuso-me a dizer que o Senado da República é um verdadeiro Diário Oficial, que simplesmente deve publicar as decisões do Supremo formalizadas no controle concreto de constitucionalidade, no âmbito do controle difuso de constitucionalidade. Não interpreto literalmente, gramaticalmente, o que se contém no inciso X do artigo 52 da Constituição Federal, mesmo porque a interpretação gramatical é a que mais seduz, é aquela a que se chega, ao objetivo da norma, numa visão superficial. Entendo o inciso X do artigo 52 como regra que atende a independência e harmonia entre os Poderes, a sinalizar que o sistema nacional é equilibrado, ao prever – e em bom vernáculo – competir ao Senado não simplesmente publicar a decisão tomada pelo Supremo, mas ao Plenário [...][44]

Pelo que se extrai do narrado, a discussão que estava em segundo plano no debate da Corte, ganhou profunda reflexão, ao se debater sobre a interpretação do art. 52, X, da CF. Neste aspecto, o ministro Alexandre de Moraes expôs que se está realizando **mutação constitucional**, o que realmente é o caso. Ao se vislumbrar que o texto não condiz mais com a realidade fáti-

43 SUPREMO TRIBUNAL FEDERAL (STF). **ADI n. 3470/RJ**. Relatoria do Min. Rosa Weber. *DJ* 29-11-2017. Voto do Ministro Marco Aurelio. p. 89.

44 SUPREMO TRIBUNAL FEDERAL (STF). **ADI n. 3470/RJ**. Relatoria do Min. Rosa Weber. *DJ* 29-11-2017. Voto do Ministro Marco Aurelio. p. 123.

ca, o Supremo delibera sobre um novo sentido a esta norma, conforme proposição dos ministros Mendes, Carmem Lucia e Toffoli.

Em que pesem os votos vencedores, compreende-se que a opção do constituinte na separação dos Poderes foi bem determinada, a fim de encarregar o Senado Federal da missão da extensão dos efeitos da inconstitucionalidade na modalidade incidental ou difusa. Ressalta-se que o objetivo do controle difuso é solucionar o caso concreto e, eventual inconstitucionalidade ocorrerá apenas na particularidade do caso, não se podendo de forma ampla e geral expandir a todos os seus efeitos. Conquanto se possa argumentar que há inúmeros casos semelhantes que teriam o mesmo desfecho com a declaração da norma inconstitucional, é papel do legislador suspender a norma ou, então, revogá-la pelas vias formais.

A despeito do tema, traz-se à colação, a opinião de José Afonso da Silva, segundo o qual, "seria mais prático e expedito se se desse à decisão definitiva do STF o efeito *erga omnes* a contar de sua publicação [...] Assim, porém, não quis o constituinte, de sorte que a interferência do Senado na hipótese é de rigor[45]".

A posição de Afonso da Silva é firme no sentido de que o poder é ainda do Senado Federal e não da Suprema Corte. Por outro lado, oportuno mencionar que a questão já havia sido debatida, anteriormente, pelo Supremo, quando do julgamento da **Reclamação n. 4.335-5/AC**, na qual os ministros Gilmar Mendes e Eros Grau, à época, já suscitavam o fenômeno da mutação. A partir de trecho do voto do ministro Grau naquele primeiro caso, verifica-se a sugestão de redação da "nova norma", senão vejamos:

> O exemplo que no caso se colhe é extremamente rico. Aqui passamos em verdade de um texto
> [compete privativamente ao Senado Federal suspender a execução, no todo ou em parte, de lei declarada inconstitucional por decisão definitiva do Supremo Tribunal Federal]
> a outro texto
> [compete privativamente ao Senado Federal dar publicidade à suspensão da execução, operada pelo Supremo Tribunal Federal, de lei declarada inconstitucional, no todo ou em parte, por decisão definitiva do Supremo].

---

45 SILVA, José Afonso da. **Comentário Contextual à Constituição**. 8ª edição. São Paulo: Malheiros, 2011. p. 421.

> 11. Eis precisamente o que o eminente relator pretende tenha ocorrido, uma mutação constitucional. Pouco importa a circunstância de resultar estranha e peculiar, no novo texto, a competência conferida ao Senado Federal – competência privativa para cumprir um dever, o dever de publicação [= dever de dar publicidade] da decisão, do Supremo Tribunal Federal, de suspensão da execução da lei por ele declarada inconstitucional. Essa peculiaridade manifesta-se em razão da circunstância de cogitar-se, no caso, de uma situação de mutação constitucional[46].

Tanto foi a importância desses votos que, ulteriormente, no julgamento das ações diretas aqui citadas, a maioria dos ministros aderiu à tese e votou neste mesmo sentido. Neste aspecto, Daniel Nagao infere em sua pesquisa que houve uma nova configuração das forças políticas que implicou na assunção desta nova competência pelo Supremo Tribunal Federal:

> A mudança social a ensejar a mutação constitucional no caso em análise é nova correlação de forças entre os Poderes da República, mudando o poder de retirar a eficácia geral de uma norma do Senado para o Supremo Tribunal Federal, sem que com isso, alterasse a redação seja do art. 2º seja do art. 52, X, da Constituição.
> Ou seja, os Poderes permaneceram harmônicos e independentes entre si, porém o senador perdeu para o Supremo Tribunal Federal, a capacidade de retirar a eficácia geral da norma inconstitucional declarada via controle difuso, restando o Senado, somente com a capacidade de dar publicidade a perda de eficácia e retirá-lo formalmente do ordenamento jurídico, motivo pelo qual a redação do art. 52, X, da Constituição continua valendo, porém, como novo entendimento[47].

Resta claro, para Nagao, que o aspecto político, ou seja, a nova realidade preponderou e foi reconhecida pelo Supremo Tribunal Federal. Contudo, vale mencionar que não há que se falar em desuso ou mesmo perda da função inerente do Senado. Em consulta ao endereço eletrônico da Casa

46 SUPREMO TRIBUNAL FEDERAL (STF). **Reclamação n. 4.335/AC**. Relatoria do Min. Gilmar Mendes. *DJ* 20-3-2014. Voto do Ministro Eros Grau. p. 72-73.

47 NAGAO, Daniel. Op. cit., p. 125.

Legislativa, possível observar que,no período entre 2005 e 2012[48], aludido órgão legislativo editou resoluções suspendendo eficácia de normas declaradas inconstitucionais. Embora não seja, de fato, algo frequente, a função foi exercida e mantida, o que torna **válidae eficaz a regra do art. 52, X, da Constituição**.

Dessa forma, o Supremo Tribunal Federal realizou mutação em relação ao art. 52, X, da Constituição. Entretanto, apesar de vozes em sentido contrário, pondera-se que não ocorreu mera interpretação ou tivemos alguma necessidade política que justificasse a mutação, conforme a doutrina perfilhada no primeiro capítulo, no sentido do Supremo assumisse nova competência[49]. Na verdade, o Supremo Tribunal tomou para si, ou melhor, usurpou a competência do Senado, mediante **mutação inconstitucional (contrária ao texto vigente)**, a qual esbarrou na separação dos poderes petrificada no art. 2º da Constituição, limite material à reforma constitucional.

3.3.4 A criminalização da homofobia e transfobia

É digno de atenção, também, o icônico caso da criminalização da homofobia e transfobia, que ocorreu no julgamento do mandado de injunção n. 4.733/DF, proposto pela Associação Brasileira de Gays, Lésbicas e Transgêneros (ABGLT) e, na ação direta de inconstitucionalidade por omissão (ADO) n. 26, proposta pelo Partido Popular Socialista (PPS).

Em 2019, o Supremo Tribunal Federal, **por maioria**, **reconheceu a mora do Congresso Nacional em editar norma incriminadora aos atos atentatórios a direitos fundamentais dos integrantes da comunidade LGBT.** Salienta-se que, nos termos dos votos dos ministros Celso de Mello, Edson Fachin, Alexandre de Moraes, Luís Roberto Barroso, Rosa Weber, Luiz Fux, Cármen Lúcia e Gilmar Mendes deve-se entender que a homofobia e a transfobia estão inseridas nos tipos penais definidos na Lei de Combate ao Racismo (Lei n. 7.716/1989) até que o Congresso Nacional edite lei específica sobre a matéria. De outra vertente, ficaram vencidos os ministros Ricardo Lewandowski e Dias Toffoli, eis que entenderam que a

---

48 SENADO FEDERAL (SF). **Resoluções do Senado Federal.** Disponível em https://www.senado.leg.br/publicacoes/anais/asp/RE_Resolucoes.asp. Acesso em: 19-11-2019, às 17h40.

49 Mesmo porque o rol de competência do Supremo Tribunal Federal é considerado como taxativo.

conduta só poderia ser punida mediante lei oriunda e aprovada pelo Poder Legislativo. Ainda, em posição isolada, restou o ministro Marco Aurélio que não reconheceu a mora legislativa.

Depreende-se que a interpretação prevalente entre os ministros foi de reconhecer a demora ou mesmo a inércia do Congresso Nacional em legislar sobre o tema, o que configura verdadeira inconstitucionalidade por omissão. Nesse caso, a norma do art. 5º, XLI, da Constituição enuncia que **a lei punirá qualquer discriminação atentatória dos direitos e liberdades fundamentais**, ou seja, há um comando ao legislador para regulamentar tal proteção aos indivíduos. Além disso, não se pode olvidar que Supremo Tribunal, de um modo geral, reconheceu, também, que a Lei n. 7.716/89 não faz menção expressa à orientação sexual e à identidade de gênero para a configuração do ilícito penal do racismo.

A respeito da ADO 26/DF, o relator, ministro Celso de Melo, iniciou seu voto, a partir da constatação das terminologias relacionadas ao grupo LGBT, asseverando que, independentemente, da sigla, é um **grupo vulnerável na sociedade e sofredor de práticas discriminatórias**, segue o trecho:

> [...] formada pela reunião de pessoas e grupos sociais distintos, apresentando elevado grau de diferenciação entre si, embora unidos por um ponto comum: a sua absoluta vulnerabilidade agravada por práticas discriminatórias e atentatórias aos seus direitos e liberdades fundamentais[50].

Na sequência, Celso de Melo explica conceitos cruciais para compreensão da causa em tela, tais como a diferença entre sexo (perspectiva biológica), identidade de gênero (fatores psicossociais) e orientação sexual (personalidade/vocações afetivas), ou seja, estabelece as premissas para que possa adentrar o tema da discriminação e da omissão legislativa do Congresso. Neste último aspecto, o relator enfatiza que há ações de grupo políticos e sociais que pregam o desprezo e o ódio à comunidade LGBT:

> [...] Para esse fim, determinados grupos políticos e sociais, inclusive confessionais, motivados por profundo preconceito, vêm estimulando o des-

---

50 SUPREMO TRIBUNAL FEDERAL (STF). **ADO 26/DF**. Relatoria do Min. Celso de Melo. *DJ* 13-6-2019. Voto do Ministro Celso de Melo. p. 8.

> prezo, promovendo o repúdio e disseminando o ódio contra a comunidade LGBT, recusando-se a admitir, até mesmo, as noções de gênero e de orientação sexual como aspectos inerentes à condição humana, buscando embaraçar, quando não impedir, o debate público em torno da transsexualidade e da homossexualidade, por meio da arbitrária desqualificação dos estudos e da inconcebível negação da consciência de gênero, reduzindo-os à condição subalterna de mera teoria social [...][51]

Ato contínuo, o ministro esclarece que não se pode negar a realidade social, ou seja, existe a comunidade LGBT e, tal como qualquer outro indivíduo, merece guarida do Estado e respeito por todos, a fim de que possa expressar plenamente a liberdade de pensamento do grupo. Aliás, o ministro relator reitera e enfatiza a proteção ao **direito à autodeterminação do gênero.** E mais. Sustenta que tais garantias não estão previstas somente no ordenamento pátrio, mas também em documentos internacionais, a exemplo da Convenção Americana de Direitos Humanos (Decreto n. 678/1992)[52].

No que tange, à omissão do Poder Público em editar a norma de proteção, a fim de efetivar o comando do art. 5º, XLI, da Constituição, o relator é categórico ao afirmar que, **em sede de controle abstrato de constitucionalidade, não há possibilidade de o Judiciário legislar diante da inércia do Legislativo, sob pena de violar a separação dos poderes, eis que tipos penais devem ser veiculados por lei em sentido formal**, isto é, advinda do Congresso, conforme trecho abaixo transcrito:

> Cabe indagar, neste ponto, se se revela viável, em sede de controle abstrato de constitucionalidade, colmatar, mediante decisão desta Corte Suprema, a omissão denunciada pelo autor da presente ação direta, procedendo-se à tipificação penal de condutas atentatórias aos direitos e liberdades fundamentais dos integrantes da comunidade LGBT, definindo-se, ainda, a respectiva cominação penal, superando-se, desse modo, tal como expressamente pretendido pelo PPS, o princípio segundo o qual "nullum crimen, nulla poena sine praevia lege".

51 SUPREMO TRIBUNAL FEDERAL (STF). **ADO 26/DF**. Relatoria do Min. Celso de Melo. *DJ* 13-6-2019.Voto do Ministro Celso de Melo. p. 14.

52 Ibidem. p. 20.

> Entendo que não. É que a pretensão em referência – por importar em inadmissível substituição do Congresso Nacional – veicula clara transgressão ao postulado constitucional da separação de poderes e, também, ofensa manifesta ao princípio da reserva absoluta de lei formal em matéria de índole penal
> Como se sabe, a definição típica das condutas delituosas está subordinada ao postulado constitucional da reserva absoluta de lei formal (CF, art. 5º, XXXIX), o que inviabiliza qualquer pleito cujo acolhimento implique desconsideração dessa garantia fundamental, segundo a qual não há crime nem pena sem lei anterior que os defina, excluída, portanto, a possibilidade de utilização de provimento jurisdicional como sucedâneo de norma legal. Ninguém pode ignorar que, em matéria penal, prevalece, sempre, o postulado da reserva constitucional de lei em sentido formal[53].

Neste ponto específico, o voto é claro em garantir e proteger a separação dos Poderes. Todavia, aqui, o Supremo Tribunal Federal, faz, de fato, uma opção. Explica-se. O Judiciário se viu diante, por um lado, da efetivação da norma constitucional do art. 5º, XLI, que determina a legislação sobre condutas discriminatórias e, por outro lado, a incidência do princípio da legalidade na seara penal (art. 5º, XXXIX).

Dando seguimento ao voto, o relator Celso de Mello, citando Ana Candida, destaca acerca da **mutação constitucional** que ocorre também por meio da inércia do Poder Público, que busca modificar o alcance e sentido da norma constitucional por sua não aplicação. De outro modo, não aplicar o texto original da Constituição é um meio implícito de alterá-lo. Vejamos:

> O fato inquestionável é um só: a inércia estatal em tornar efetivas as imposições constitucionais traduz inaceitável gesto de desprezo pela Constituição e configura comportamento que revela um incompreensível sentimento de desapreço pela autoridade, pelo valor e pelo alto significado de que se reveste a Constituição da República[54].

53 SUPREMO TRIBUNAL FEDERAL (STF). **ADO 26/DF.** Relatoria do Min. Celso de Melo. *DJ* 13-6-2019. Voto do Ministro Celso de Melo. p. 26-27.

54 SUPREMO TRIBUNAL FEDERAL (STF). **ADO 26/DF.** Relatoria do Min. Celso de Melo. *DJ* 13-6-2019. Voto do Ministro Celso de Melo. p. 52.

Celso de Melo, também, destaca que, " [...] ante a irrecusável supremacia da Carta Política, revela-se essencial impedir o desprestígio da própria Constituição, seja por ação, seja por omissão dos órgãos, instituições e autoridades da República"[55]. Sem tirar o mérito do voto do relator, conquanto tenha, expressamente, prezado pela separação dos poderes, é nítida a adoção de sentido contrário ao princípio, eis que entendeu possível o Judiciário vincular as condutas discriminatórias em razão de orientação sexual e identidade de gênero ao tipo penal de racismo. Assim, o ministro relator propõe que a colmatação suscitada se dá mediante **a subsunção das condutas homotransfóbicas aos preceitos primários definidos na lei de racismo, uma vez que atos de homofobia e transfobia, na verdade, seriam práticas de racismo social**[56].

Para justificar o argumento apresentado, o relator faz menção ao julgamento do ***habeas corpus* n. 82.424/RS (caso Ellwanger),** no qual, em 2003, a Corte brasileira definiu ser o racismo uma ideologia que prega a superioridade racial não apenas em razão da cor dos seres humanos (fenótipo), mas também em razão de aspectos sociais, culturais, étnicos entre outros. Segue o trecho do voto do relator:

> Na realidade, o sentido de "raça" – que não se resume nem se limita a um conceito de caráter estritamente fenotípico – representa uma arbitrária construção social, desenvolvida em determinado momento histórico, objetivando criar mecanismos destinados a justificar a desigualdade, com a instituição de hierarquias artificialmente apoiadas na hegemonia de determinado grupo de pessoas sobre os demais estratos que existem em uma particular formação social [...][57]

Em outras palavras, o ministro Celso de Melo, na ADO 26/DF, valeu-se de interpretação extensiva (ampliativa) da expressão racismo (racismo social), entendendo que o **desprezo por conta da orientação sexual e da identidade de gênero são modalidades de racismo, razão pela qual devem**

---

55 SUPREMO TRIBUNAL FEDERAL (STF). **ADO 26/DF.** Relatoria do Min. Celso de Melo. *DJ* 13-6-2019. Voto do Ministro Celso de Melo. p. 54-55.

56 SUPREMO TRIBUNAL FEDERAL (STF). **ADO 26/DF.** Relatoria do Min. Celso de Melo. *DJ* 13-6-2019. Voto do Ministro Celso de Melo. p. 95.

57 SUPREMO TRIBUNAL FEDERAL (STF). **ADO 26/DF.** Relatoria do Min. Celso de Melo. *DJ* 13-6-2019. Voto do Ministro Celso de Melo. p. 97.

ser consideradas dentro do fato típico (ilícito penal). Note-se que houve aqui não só de uma interpretação histórica como sociológica, a partir do que se entende por racismo. Tanto é verdade que, ao final, o ministro exalta o papel **contra majoritário** do Judiciário no sentido de **efetiva**ção **dos direitos das minorias.** Aliás, pontua o ministro Celso de Melo, citando Karl Loewenstein (1891-1973)[58], que a <u>não</u> efetivação da Constituição pelos poderes instituídos implica no fenômeno da **erosão da consciência constitucional,** isto é**, a desvalorização do texto escrito**[59].

No acórdão do MI n. 4.733/DF, de relatoria do Min. Edson Fachin, em seu voto, o ministro Luís Roberto Barroso afirma que o conceito de racismo previsto no art. 5°, XLII, da CF, sofreu mutação constitucional e, portanto, a consideração mais abrangente do termo permite enquadrá-lo dentro dos tipos penais da Lei n. 7.716/89.

Em posição diametralmente oposta, há o voto do ministro Ricardo Lewandowski na ADO 26, para quem, **são inegáveis as condutas discriminatórias contra a comunidade LGBT e devem ser, veementemente, rechaçadas, sendo que a criminalização das condutas é um grande passo para buscar uma sociedade mais inclusiva**. Conforme trecho do voto, "muito poderia ser feito para proteger esses grupos minoritários, e a criminalização de condutas seria um passo importante. Parece-me inconteste que se deve reconhecer a mora legislativa neste sentido[60]".

Contudo, o ministro argumenta no sentido de que, neste caso específico, uma vez que o julgamento recai sobre a **seara penal**, não se devem aplicar os precedentes concretistas, no intuito de se garantir a proteção aos indivíduos ou grupos (efetivação/concretização). Por se tratar de norma penal incriminadora, sobressai o **princípio da reserva legal**, ou seja, <u>somente a lei pode inserir nova conduta ilícita</u>, vejamos:

> [...] Não obstante a repugnância que provocam as condutas preconceituosas de qualquer tipo, é certo que apenas o Poder Legislativo pode criminalizar condutas, sendo imprescindível lei em sentido formal nessa linha.

58 Karl Loewenstein,filósofo e político germânico, reconhecido como grande jurista no estudo do Constitucionalismo no século XX.

59 SUPREMO TRIBUNAL FEDERAL (STF). **ADO 26/DF.** Relatoria do Min. Celso de Melo. *DJ* 13-6-2019.Voto do Ministro Celso de Melo. p. 56.

60 SUPREMO TRIBUNAL FEDERAL (STF). **ADO 26/DF.** Relatoria do Min. Celso de Melo. *DJ* 13-6-2019.Voto do Ministro Ricardo Lewandowski. p. 16.

> Efetivamente, o princípio da reserva legal, insculpido no art. 5º, XXXIX, da Constituição, prevê que "não há crime sem lei anterior que o defina, nem pena sem prévia cominação legal". A Carta Magna é clara: apenas a lei, em sentido formal, pode criminalizar uma conduta [...][61]

Mais à frente, o ministro Lewandowski infere que "a extensão do tipo penal para abarcar situações não especificamente tipificadas pela norma penal incriminadora parece-me atentar contra o princípio da reserva legal"[62]. Com efeito, o ministro vota pela parcial procedência do pedido da ação, reconhecendo a mora legislativa, e determinando que seja dada ciência ao Congresso Nacional para a adoção das medidas cabíveis.

Os demais ministros, em síntese, se adequaram às teses aqui expostas, prevalecendo o voto condutor do ministro Celso de Melo de efetivação da proteção à comunidade LGBT. A questão é realmente complexa, configurando um caso difícil (*hard case*). No que tange ao tema da mutação constitucional, observa-se que, neste caso, com a devida vênia, discorda-se do posicionamento do ministro relator Celso de Melo, porquanto a norma prevista no art. 5º, XLI e XLII, da Constituição, são normas de eficácia limitada edevem ser regulamentadas pelo legislador, do contrário, não produzirão efeitos no caso concreto.

No caso em tela, haja vista a incidência da norma penal que, em última análise, versa acerca da **restrição da liberdade, não há permitir que um novo ilícito seja criado à revelia da Constituição sem lei em sentido estrito**. Admitir tal situação gera contradição e conflito no próprio sistema, pois ainda que se garanta a efetividade da norma de proteção contra a discriminação, de outra vertente, atenta-se contra a liberdade individual ao se tipificar conduta penal sem o devido processo legal, sem a incidência da legalidade em sentido estrito. Por tal razão, neste caso, não se verifica hipótese de mutação constitucional, pois não se está apenas interpretando dispositivos constitucionais para adequá-los à realidade social. O que se verifica é o uso da interpretação constitucional, sob o argumento de combater a discriminação, para a criação de um novo ilícito penal, ou seja, o Supremo Tribunal Federal assumiu verdadeira função normativa/legislativa contrariando outras

61 SUPREMO TRIBUNAL FEDERAL (STF). **ADO 26/DF**. Relatoria do Min. Celso de Melo. *DJ* 13-6-2019. Voto do Ministro Ricardo Lewandowski. p. 17.

62 SUPREMO TRIBUNAL FEDERAL (STF). **ADO 26/DF**. Relatoria do Min. Celso de Melo. *DJ* 13-6-2019. Voto do Ministro Ricardo Lewandowski. p. 19.

disposições constitucionais, sobretudo a legalidade, a segurança jurídica e o devido processo legal.

Com efeito, não se nega de forma alguma que os grupos vulneráveis, especialmente, a comunidade LGBT, devam ser protegidos no atual contexto brasileiro, eis que são inúmeros e frequentes os atentados contra eles. Contudo, do ponto de vista jurídico, tendo por base a própria coesão e coerência do ordenamento jurídico, critica-se a forma de concretização desta proteção. Se há falta de vontade legislativa (inércia/morosidade), conservadorismo por parte dos representantes, o ideal é a sociedade exercer seu poder de cobrança e mudança, a fim de que anorma específica seja editada. Caso contrário, ganha-se de um lado e perde-se de outro, levando a incongruências sistêmica, principalmente, se considerarmos que foram necessários alguns séculos para que a liberdade individual fosse conquistada. Assim, a criação de ilícito penal pelo Supremo pode por tudo a perder.

Conclusão

O presente livro teve o escopo de responder se o Supremo Tribunal Federal, em sua atuação no controle de constitucionalidade, seja difuso, seja concentrado, realiza o fenômeno da mutação constitucional e se ela está ou não de acordo com o sistema constitucional vigente. Inferiu-se que a cúpula do Judiciário brasileiro utiliza-se da mutação constitucional em parcela de suas decisões, sendo que, em outras tantas, a sua atuação desborda em violação expressa do texto constitucional, isto é, o órgão pratica verdadeira mutação inconstitucional. Observou-se que as decisões proferidas pelo Supremo Tribunal Federal, objeto de análise e discussão, são todas posteriores ao ano 2000, o que demonstra uma posição mais ativista, enfrentando temas que antes eram deixados para a seara política, sobretudo no âmbito dos Poderes Legislativo e Executivo.

A conclusão apresentada foi possível após a revisão da literatura brasileira e estrangeira acerca da mutação constitucional, com enfoque nas teorias criadas a partir do surgimento do movimento denominado de constitucionalismo moderno, no início do século XVIII, decorrente das revoluções americana (1776) e francesa (1789), que culminaram com a criação do Estado Liberal, ou seja, do Estado de Direito (*Rule of Law*), regido por uma Constituição que assegura a separação dos poderes e um rol de direito e garantias individuais.

Esse ideal de elaboração de um texto constitucional decorreu da construção da Teoria do Poder Constituinte atribuída a Emmanuel Sieyès, em pequeno panfleto "O que é o Terceiro Estado?", escrito em 1789, na França, pouco tempo antes do início da Revolução Francesa. O objetivo do abade era destacar que o poder político não deveria mais pertencer à nobreza e ao clero (1° e 2° Estado, na França absolutista), o que perdurava desde o surgimento do Estado Moderno francês, passando a pertencer à nação que, mediante representantes, instalaria uma Assembleia Nacional Constituinte para a criação de um texto constitucional. Funda-se o Poder Constituinte Originário, um poder de fato (político) criador da nova ordem jurídica de um Estado. Para esse mister, possui as seguintes características: inicial, ilimitado, incondicionado e permanente. Ocorre que o estabelecimento de uma nova ordem jurídica, por meio de um texto constitucional, por mais que tenha a pretensão de durar anos, inevitavelmente, em um dado momento histórico, ficará um passo atrás da sociedade. Os fatos sociais são dinâmicos, ao passo que o Direito tende a ser lento e gradual. Tanto é verdade que se parte do pressuposto de que as leis são criadas para regulamentação de casos futuros, sendo que o Direito (as normas)segue atrás, acompanhando a realidade fática.

Nesse sentido, somente a expressão do Poder Constituinte Originário não bastava, de modo que para evitar o engessamento das Constituições, o que as tornaria obsoletas, foi concebido também o Poder Constituinte derivado, cuja função básica é alterar, revisar e atualizar os textos constitucionais. Haja vista sua subordinação ao poder originário, o Poder derivado é, por natureza, secundário, condicionado, limitado e dependente.

Neste contexto, a expressão "mutação constitucional" denota alteração, mudança, transformação do texto constitucional com o intuito de adequá-lo à realidade fática, impedindo a ocorrência de um hiato, isto é, a discrepância entre o ser (realidade) e o dever-ser (textos/normas). Com base nesta ideia de mudança engendrou-se a teoria da mutação, bastante desenvolvida pela doutrina alemã, sobretudo por Paul Laband, Georg Jellinek, Rudolf Smend, Hsü Dau-Lin e Konrad Hesse.

Laband, pioneiro do estudo, teve seu mérito ao distinguir reforma constitucional de mutação constitucional. Segundo ele, a reforma corresponde ao um processo formal, previsto no próprio texto, isto é, a Constituição já apresenta um mecanismo de modificação que será executado por uma autoridade, previamente, definida. Em contrapartida, a mutação é definida como processo informal, no qual o sentido e o alcance de determinada norma é modificado, sem que haja qualquer alteração no texto, ou seja, o texto fica intacto sendo, no entanto, interpretado de forma distinta. Laband, na construção de sua teoria, adotou um caráter formalista/procedimental para a mutação, entendendo que seria a forma do Direito se adequar à realidade. Todavia, como não defendia que houvesse supremacia da Constituição em relação às leis, admitia que essas, inclusive, poderiam alterar o próprio texto constitucional.

Na sequência, seguindo a linha procedimental de Laband, Jellinek acrescentou que o fator que diferencia a reforma da mutação constitucional é a intenção do legitimado, ou seja, a reforma deriva de vontade expressa do legislador, enquanto a mutação é uma alteração não intencional, sem a percepção imediata dos agentes, de sorte que somente após um longo período, nota-se a modificação (tácita). Ao contrário de Laband, Jellinek enfatiza que toda a modificação do texto constitucional deve ser fiel ao sistema, sob pena de ruptura social.

Ambos os autores, precursores do tema, avaliaram o fenômeno sob uma perspectiva mais estática das normas, sendo fundamentais para o estabelecimento das bases da futura teoria. Contudo, a partir do século XX, a doutrina alemã desenvolveu verdadeira teoria sobre a mutação. Rudolf Smend refuta as teses dos antecessores, aludindo que a Constituição deve ser considerada um organismo vivo, responsável por conter a tensão entre o ser e o dever-ser. Nesta linha, Smend idealiza a teoria da integração, apontando que os fatos (realidade) e as normas jurídicas não podem ser considerados isoladamente, mas como parte de um todo unitário – o Estado. Em outras palavras, cabe à Constituição ser a ponte que liga o Direito à realidade. Ademais, Smend está ciente de que o texto constitucional não pode prever todos os tipos de situações que ocorrerão na sociedade, razão pela qual o constituinte emprega termos flexíveis, elásticos, genéricos.

No início dos anos 30 do século XX, na Alemanha, Hsü Dau-Lin, jurista chinês formado na cultura germânica e discípulo do Smend, sistematizou todos os estudos anteriores sobre a mutação constitucional. Dau-Lin refuta as teses anteriores de que os fatores externos gerariam a mudança da Constituição, expondo que as Constituições possuem uma força interna (endógena) que conduz à mudança. Essa força, segundo o jurista, é a Política. É a Política que complementa e une a Constituição à realidade fática, mormente, porque as normas são elásticas, vagas e necessitam dessa integração. Por tal razão, Dau-Lin não enxerga a mutação como um simples fato (estático), mas como um elemento jurídico (fonte legítima do Direito) que integra o texto aos seus novos significados que são definidos politicamente.

Não bastasse, Konrad Hesse avança nos estudos do tema, pregando a "força normativa da Constituição", no sentido de que o texto constitucional deve ter força vinculante sobre as condutas sociais. Não basta somente o texto estar vigente se não for, efetivamente, cumprido. Por isso, Hesse entende que a Constituição (dever-ser) não é mero reflexo da realidade (ser), tendo força suficiente para ordenar e ajustar a própria realidade, isto é, há uma relação de coordenação entre os dois mundos. E, para que a força normativa seja mantida, Hesse afirma que a Constituição deve estar em harmonia com a consciência geral dos principais responsáveis, o que torna a mutação constitucional um elemento intrínseco e necessário para a adequação da vida jurídica do Estado.

Por fim, delimitou-se que, conquanto mutação signifique, *a priori*, qualquer tipo de mudança do texto constitucional, a doutrina, majoritariamente, define o fenômeno como sinônimo de processo informal (implícito) de alteração do sentido e alcance das normas.

Após as bases do conceito de mutação, foram avaliadas as formas pelas quais ela se apresenta, demonstrando-se que a mutação pode ser inconstitucional ou constitucional. No primeiro caso, quando a alteração informal do texto constitucional implica em ruptura, rompimento com a ordem pré-estabelecida, mediante a violação de outra norma constitucional. Conforme doutrina pátria, a mutação inconstitucional pode ocorrer mediante processos anômalos de mudança (a exemplo da inércia dos Poderes instituídos, desuso de preceitos) ou, por processos manifestamente inconstitucionais, mediante práticas ou costumes contra o texto constitucional e por meio de golpes de Estado.

Como forma de mutação inconstitucional, inicialmente, citou-se a decisão proferida no recurso extraordinário n. 466.343-1/SP que afastou a prisão civil do depositário infiel e, na mesma oportunidade, fixou a tese de que os tratados internacionais sobre direitos humanos, desde que não votados com o quórum previsto no art. 5°, § 3°, da Constituição, assumem a natureza de normas supralegais. A Corte brasileira afastou uma das exceções à prisão civil previstas, expressamente, no texto do art. 5°, LXVII, por força de disposição da Convenção Americana de Direitos Humanos (art. 7°, item 7), mesmo que esta seja hierarquicamente inferior, ou seja, pode-se afirmar que houve a declaração deinconstitucionalidade (ainda que não tenham dito) da parte final do citado dispositivo, alterando-se o sentido do texto.

Em contrapartida, há a mutação constitucional, quando a modificação do texto está em consonância com as demais normas da Constituição. Aqui, reconheceu-se a existência das seguintes espécies: (i) mutação constitucional por interpretação ou; (ii) mutação por costume ou prática constitucional.A mutação por interpretação é aquela que o aplicador, valendo-se dos meio interpretativos, revela um novo sentido da norma, diante do descompasso entre o ser e o dever-ser, sem que o texto seja alterado. Não se confunde a mutação por interpretação com o ato de interpretar em si, pois neste último caso, o intérprete mantém-se fiel aos limites da norma e dos fatos que a criaram, isto é, a interpretação será utilizada diante de lacunas ou omissões sem que o contexto tenha se alterado. Cada um dos poderes instituídos – Legislativo, Executivo e Judiciário pode, no exercício de suas funções, provocara mutação (interpretação orgânica). Nada obstante, foram apresentadas, formas não-orgânicas, também admitidas, como a interpretação popular, doutrinária e autêntica.

Na sequência, abordou-se acercada mutação por costume ou prática constitucional, esta um pouco diferente da mutação por interpretação, pois decorre de práticas não escritas e reiteradas da sociedade. De qualquer modo, demonstrou-se que o costume constitucional é norma hierarquicamente inferior e não pode revogar normas escritas; ele pode agir no sentido de ampliar, integrar ou gerar o desuso da norma, mas nunca contradizê-la.

Na parte final do primeiro capítulo, avançou-se sobre os limites à mutação constitucional. Depreende-se do exposto que, por se tratar de fenômeno informal (sem qualquer previsão no texto constitucional), há dificuldades de se definir os limites. Todavia, a presente pesquisa filiou-se ao posicionamento do jurista alemão Konrad Hesse que sustenta a existência de um limite objetivo, a saber, a própria norma constitucional estabelecida, inicialmente, pelo Poder Constituinte. Nada obstante, ponderou-se que o próprio Supremo Tribunal Federal, como guardião da constituição, ao interpretá-la e dizer o seu sentido, também cria norma constitucional, afastando a tese de que somente o Poder Originário ou Derivado teria essa função de introduzir normas constitucionais.

Com a delimitação do fenômeno, no capítulo II, passou-se a expor sobre asformas de interpretação dos textos jurídicos, conforme os estudos das escolas hermenêuticas. Após considerações sobre a Antiguidade Clássica (Roma), passando pela Idade Média e Moderna, verificou-se que,na Idade Contemporânea, a Europa foi marcada pelo racionalismo e pelo formalismo jurídico, fruto da corrente jusnaturalista racional que preconizava a razão universal. Derrubaram-se as monarquias absolutistas e os privilégios da nobreza e do clero, assumindo a nação/povo o poder político e, tornando-se participante das decisões definidoras dos rumos do Estado.

Nesta lógica, sendo o indivíduo o centro gravitacional da política, fundou-se o Estado de Direito, sob o qual está assentada a primazia da lei e do Parlamento, como fruto da razão. Na sequência, foram expostas as ideias centrais da Escola Analítica de Jurisprudência, na Inglaterra, bem como da Escola de Exegese ou Filológica, na França e, a Escola dos Pandectistas, na Alemanha. Todas as escolas partiam da ideia geral de que a lei poderia tudo prever e solucionar todos os casos.

Todavia, o tempo mostrou que os fatos são muito mais dinâmicos que o Direito e que alei não era suficiente para abarcá-los, dando ensejo, nos séculos XIX e XX, ao surgimento de novas linhas de pensamento, tais como a Escola Histórica e a Escola Teleológica, na França e Alemanha. Ambas são escolas antiformalistas que buscavam refutar os ideais jusnaturalistas de apego estrito e literal ao texto legal. Savigny, grande expoente da Escola Histórica, afirma que o Direito não poderia ser imutável e que deveria estar pautado no "espírito do povo" – cultura da sociedade, sendo o Direito produto da História. Já, Ihering, referência da Escola Teleológica, aduziu que o Direito foi criado para servir aos fins sociais, logo, as normas deveriam ser interpretadas buscando-se a sua real finalidade e não deveriam ser aplicadas de forma silogística, sem qualquer preocupação com os fins ou a sociedade.

Nada obstante, neste mesmo período, foram concebidas outras escolas de pensamento que preconizavam uma interpretação mais livre dos textos jurídicos, chegando ao ponto do intérprete realizar verdadeira função criativa. Temos a Escola da Livre Pesquisa Científica; Escola do Direito Livre; Escola Sociológica Americana; Escola da Jurisprudência de Interesses e; a Escola Realista Americana.Apesar de cada escolater suas particularidades, em geral,elas reconheciam outras fontes jurídicas, além da própria lei/norma jurídica (pluralismo das fontes).

Na parte final do capítulo II, expôs-se um viés teórico mais recente, oriundo da segunda metade do século XX, fruto da filosofia neopositivista, que foi denominada neoconstitucionalismo. O objetivo de tal linha de pensamento é a efetivação dos direitos.Afasta-se a ideia do positivismo teórico de separação radical entre Direito e a Ética/Moral, permitindo-se uma aproximação entres esses campos de conhecimento. Com base em tais ideais, o Poder Judiciário assumiu papel inovador, tendo por incumbência a efetivação dos direitos fundamentais, o que trouxe um aspecto negativo, definido, por parte da doutrina, como ativismo judicial, isto é, fenômeno, no qual os magistrados desbordam do limite da função jurisdicional e passam a realizar a função típica dos outros poderes. O Judiciário passou a enfrentar inúmeras questões atinentes ao campo político, social, econômico, que, até então, mantinha-se distante e, neste escopo, deu maior atenção aos fins que aos meios de implementá-los.

Compreendida essa visão dos séculos XX e XXI; na terceira e última parte, discutiu-se o papel do Supremo Tribunal Federal e sua função com intérprete da Constituição Federal de 1988, a partir de estudos de casos. Foram selecionadas decisões icônicas que geraram repercussão na sociedade brasileira como: (i) a infidelidade partidária; (ii) reconhecimento da união estável homoafetiva; (iii) abstrativização do controle difuso de constitucionalidade; e (iv) a criminalização da homofobia e transfobia.

Das quatro decisões analisadas, infere-se que, em três delas (infidelidade partidária, abstrativização do controle difuso de constitucionalidade e a criminalização da homofobia e transfobia), o Supremo Tribunal Federal alterou o sentido da norma de forma totalmente inconstitucional, violando outros preceitos do Texto Maior, criando nova causa de perda de mandato, retirando a competência privativa do Senado Federal para suspender normas declaradas inconstitucionais e, ainda, criando um novo ilícito penal à revelia do princípio da legalidade.

Como dito, ainda que haja argumentos plausíveis que sustentem o que foi decidido pela corte brasileira, houve extrapolação dos limites da mutação constitucional, a pretexto de proteger determinado grupo ou individuo ou; priorizar determinado princípio constitucional de caráter mais vago/genérico. O Supremo Tribunal Federal atuou como verdadeiro legislador positivo, assumindo o papel do Congresso Nacional. De outro modo, a corte brasileira atuou de forma ativista, indo muito além da função jurisdicional, sendo importante pontuar que a pesquisa aqui realizada, toma por base a Constituição Federal de 1988 e o sistema *Civil Law*, de tradição romana, que vige no Brasil.

Não se nega que, no contexto político brasileiro, muitas vezes, o Legislativo se mostra inerte e distante das reivindicações dos cidadãos. Mas, ainda assim, o Congresso é o poder composto de representantes eleitos pelo sufrágio universal, o que, sem dúvida, dá maior legitimidade às modificações ao texto constitucional. Preza-se pelas mudanças advindas do processo formal – emendas constitucionais. Por outro lado, embora o Supremo Tribunal deva interpretar o texto constitucional para efetivar direitos, essa atividade não pode acarretar em afronta ao próprio sistema constitucional, mesmo porque deve respeitar os princípios da unidade da Constituição, da concordância prática e da proporcionalidade/razoabilidade.

Nesse ponto, se as mudanças à Constituição e às leis não vêm pelo poder, constitucionalmente, definido; cabe ao titular do poder (povo) valer-se de pressões, passeatas, discussões (forças reais de poder), ou mesmo realizar a substituição dos representantes no próximo pleito, para que sua vontade prevaleça. Enfim, a crise de legitimidade das instituições política brasileiras não pode servir de subterfúgio para a usurpação de competência pelo Poder Judiciário. A mutação constitucional é fenômeno de integração, consolidação e atualização do texto constitucional, não podendo gerar erosão e fragmentação do sistema jurídico, sob pena de se transformar em um novo poder constituinte, estabelecendo uma nova ordem jurídica.

Referências Bibliográficas

Artigos e livros

ALVES, José Carlos Moreira. **Direito Romano**. 14ª edição. Rio de Janeiro: Editora Forense, 2007.

BACHOF, Otto. **Normas Constitucionais Inconstitucionais?** Tradução José Manuel M. Cardoso da Costa. Coimbra: Almedina, 1994.

BARACHO, José Alfredo de Oliveira. **Teoria da constituição**. São Paulo, Resenha Universitária, 1979.

BARBOSA RAMOS, Paulo Roberto; OLIVEIRA JUNIOR, Jorge Ferraz de. Características do ativismo judicial nos Estados Unidos e no Brasil: um breve histórico do ativismo judicial na Suprema Corte norte-americana e um paralelo com o recente ativismo judicial da Suprema Corte brasileira. *In*: **Revista de Informação Legislativa**. Brasília. Ano 51. Número 204, out./dez. 2014. Disponível em: https://www12.senado.leg.br/ril/edicoes/51/204/ril_v51_n204_p25.pdf. Acesso em: 20-10-2019, às 12h10.

BARROSO, Luís Roberto. **Interpretação e Aplicação da Constituição: fundamentos de uma dogmática constitucional**. 7ª ed. rev. São Paulo: Saraiva, 2009.

BASTOS, Celso Ribeiro. **Curso de Direito Constitucional**. 12ª edição. São Paulo: Saraiva, 1990.

BERCOVICI, Gilberto. Constituição e político: uma relação difícil. *In:* **Lua nova**, São Paulo. n. 61, 2004. Disponível em http://www.scielo.br/pdf/ln/n61/a02n61?hc_location=ufi. Acesso em: 14-5-2018, às 16h00.

BOBBIO, Norberto. **A Era dos Direitos**. Tradução de Carlos Nelson Coutinho. Nova edição. Rio de Janeiro; Elsevier. 2004.

BOBBIO, Norberto. **Positivismo Jurídico: Lições de Filosofia do Direito**. Compiladas por Nello Morra. Tradução e notas de Márcio Pugliesi, Edson Bini e Carlos E. Rodrigues. São Paulo: Ícone, 1995.

BONAVIDES, Paulo. **Teoria Geral do Estado**. 9ª ed., rev. e atual. São Paulo: Malheiros, 2012.

BRASIL. Senado Federal (SF). **Supremo Tribunal Federal**. Brasília: Centro Gráfico. 1976.

BUENO, José Antonio Pimenta. Direito **Publico Brazileiro e Analyse da Constituição do Império**. Rio de Janeiro: Typographia Imp. e Const. de J. Villeneuve E. C., 1857.

BULOS, Uadi Lammêgo. **Mutação Constitucional**. São Paulo: Saraiva, 1997.

BULOS, Uadi Lammêgo. Costume constitucional. *In:* **Revista de Informação Legislativa**, Brasília a. 33, n. 131, jul./set. 1996.

BULOS, Uadi Lammêgo. Da reforma à mutação constitucional. *In:* **Revista de Informação Legislativa**, Brasília. Ano n. 33. n. 129. jan.-mar. 1996. p. 32.

CAGGIANO, Monica Herman Salem. Democracia x Constitucionalismo: um navio à deriva? *In:* **Caderno de Pós-Graduação em Direito: estudo e documento de trabalho.** Comissão de Pós-Graduação da Faculdade de Direito da USP, São Paulo, n. 1, 2011.

CAGGIANO, Monica Herman Salem (org.); LEMBO, Claudio Salvador (org.). **Reforma Política: um mito inacabado**. Barueri: Manole, 2017.

CAMBI, Eduardo. **Neoconstitucionalismo e neoprocessualismo**. 2ª edição. São Paulo: Revista dos Tribunais, 2011.

CANOTILHO, José Joaquim Gomes. **Direito Constitucional**. 6ª ed., Coimbra: Livraria Almedina, 1993.

CANOTILHO, José Joaquim Gomes. **Direito constitucional e teoria da Constituição.** 4ª edição. Coimbra: Almedina, 1997.

CARNIO, Henrique Garbellini. Precedentes judiciais ou "direito jurisprudencial mecânico"? *In*: **Revista brasileira de Direito Processual – RBDPro**. Belo Horizonte. Ano 24. N. 93, jan.-mar. 2016. p. 79-94.

COUTINHO, Jacinto Nelson de Miranda (org.). **Canotilho e a constituição dirigente**. Rio de Janeiro: Renovar, 2003.

COMPARATO, Fábio Konder. **A afirmação histórica dos direitos humanos.** 3ª edição. São Paulo: Saraiva, 2003.

DAU-LIN, Hsü. **Die Verfassugswandlung**. Walter de Gruyter & Co. Berlín y Leipzig, 1932.

DINIZ, Maria Helena. **Compêndio de Introdução à Ciência do Direito**. 8ª ed. atual. São Paulo: Saraiva, 1995.

DI RUFFIA, Paolo Biscaretti. **Introducción al Derecho Constitucional Comparado**. Tradução Héctor Fix Zamudio. México: Fondo de Cultura Ecónomica, 1975.

DWORKIN, Ronald. **Levando os Direitos a sério**. Tradução de Nelson Boeira. 3ª edição. São Paulo: Editora WMF Martins Fontes, 2010.

ENGISCH, Karl. **Introdução ao pensamento jurídico**. 9ª edição. Tradução de J. Baptista Machado. Lisboa: Fundação Calouste Gulbenkian, 2004.

ESTADOS UNIDOS DA AMÉRICA (EUA). **Constituição (1787).** Constituição dos Estados Unidos da América. Disponível em: https://www.senate.gov/civics/constitution_item/constitution.htm. Acesso em: 12-12-2019, às 13h20.

FACHINI NETO, Eugenio. Code Civil francês: gênese e difusão de um modelo. *In*: **Revista de Informação Legislativa**. Ano 50. Número 198. abr.-jun, 2013.

FARIAS, Paulo José Leite. Mutação constitucional judicial como mecanismo de adequação da Constituição Econômica à realidade econômica. *In:* **Revista de Informação Legislativa**, Brasília, a. 34, n. 133, p. 213-231, jan.-mar. 1997. Disponível em: https://www2.senado.leg.br/bdsf/bitstream/handle/id/210/r133-22.PDF?sequence=4. Acesso em: 27-5-2019, às 10h15.

FERRAZ, Anna Candida da Cunha. **Processos informais de mudança da Constituição: mutações Constitucionais e mutações Inconstitucionais**. 2ª edição, Osasco: EDIFIEO, 2015.

FERRAZ JUNIOR, Tércio Sampaio. **Introdução ao estudo do Direito: técnica, decisão, dominação**. 3ª edição. São Paulo: Atlas, 2001.

FERREIRA FILHO, Manoel Gonçalves. **Princípios Fundamentais do Direito Constitucional.** 2ª edição, São Paulo: Saraiva, 2010.

FERREIRA FILHO, Manoel Gonçalves. **O Poder Constituinte**. 3ª ed. rev. ampl. São Paulo: Saraiva, 1999.

FRANCISCO, José Carlos. **Emendas Constitucionais e Limites flexíveis**. Rio de Janeiro: Forense, 2003.

GIACOMUZZI, José Guilherme. As raízes do realismo americano: breve esboço acerca de dicotomias, ideologia, e pureza no direito dos USA. *In:* **Revista de Direito Administrativo**, Rio de Janeiro, 239: 359-388, jan.-mar, 2005.

GOLDZVEIG, Gustavo. **Comentários à Convenção Americana de Direitos Humanos (1969).** São Paulo: ACJ, 2012.

GRAU, Eros Roberto. **A ordem econômica na Constituição de 1988**. 8ª edição. São Paulo: Malheiros, 2003.

GRAU, Eros Roberto.**O direito posto e o direito pressuposto.** 8ª edição, rev e ampl., São Paulo: Malheiros, 2011.

GRAU, Eros Roberto.**Por que tenho medo de juízes (a interpretação/ aplicação do direito e os princípios.** 8ª edição. São Paulo: Malheiros, 2017.

HÄBERLE, Peter. **Hermenêutica Constitucional – a sociedade aberta dos intépretes da Constituição: contribuição para a interpretação pluralista e procedimental da Constituição.**Tradução de Gilmar Ferreira Mendes, Porto Alegre: Sergio Antonio Fabris Editor, 2002.

HART. Herbert L. A., **O Conceito de Direito**. Tradução de A. Ribeiro Mendes. Lisboa: Fundação Calouste, 2007.

HECK, Philipp. **Interpretação das leis e jurisprudência dos interesses.** Tradução de José Osório. São Paulo: Saraiva, 1948.

HEGEL, Georg Wilhelm Friedrich. **A Razão na História: Uma Introdução Geral à Filosofia da História**. Introdução de Robert S. Hartman. Tradução de Beatriz Sidou. 2. ed. São Paulo: Centauro, 2001.

HELLER, Herman.**Teoria do Estado**.Tradução Lycurgo Gomes da Motta, São Paulo: Mestre Jôu, 1968.

HERKENHOFF, João Batista. **Como Aplicar o Direito**. 11ª edição rev. e ampl. e atualizada. Rio de Janeiro: Forense, 2007.

HESSE, Konrad. **A força normativa da Constituição**. Tradução Gilmar Ferreira Mendes, Porto Alegre: Sergio Antonio Fabris Editor, 1991.

HESSE, Konrad.**Escritos de Derecho Constitucional**. 2ª ed. Tradução Pedro Cruz Villalon. Madrid: Centro de Estudios Constitucionales, 1992.

HUNGRIA, Nelson. **Comentários ao Código Penal**. v. 8, 5ª ed. Rio de Janeiro: Forense, 1981.

IHERING, Rudolf Von. **El FinenelDerecho**.Tradução Leonardo Rodriguez. Panplona: Analecta Editorial, 2005.

IHERING, Rudolf Von. **A luta pelo direito**. São Paulo: Rideel, 2005.

JELLINEK, Georg. **Verfassungsanderung und Verfassungswandlung (1906)**.Tradução de Christian Foster: Reforma y Mutación de la Constitución, Centro de Estudios Constitucionales, Madrid, 1991

JUNQUEIRA, Michelle Asato; PINTO, Felipe Chiarello de Souza. **Teoria da Constituição: a formação do Estado Constitucional e o constitucionalismo brasileiro.** São Paulo: Editora Mackenzie. 2018.

KELSEN, Hans. **Teoria Pura do Direito**. Tradução de João Baptista Machado. 6ª ed. São Paulo: Martins Fontes, 1998.

LASSALE, Ferdinand. **O que é uma Constituição?** 1ª edição. 3ª tiragem. CL EDIJUR: Leme/SP. 2016.

LIMA, Iara Menezes; LANÇA, João André Alves. A Força Normativa da Constituição e os limites à Mutação Constitucional em Konrad Hesse. *In*: **Revista da Faculdade de Direito da UFMG**, [S.l.], n. 62, p. 275-304, jul. 2013. ISSN 1984-1841. Disponível em: https://www.direito.ufmg.br/revista/index.php/revista/article/view/P.0304-2340.2013v62p275/253. Acesso em: 9-9-2019, às 9h20.

LINARES QUINTANA, Segundo V. **Reglas para la interpretación constitucional.** Buenos Aires: Ed. Plus Ultra, 1987.

LISBOA, Carolina Cardoso Guimarães. **Normas Constitucionais não escritas: costume e convenção da constituição.** Tese (Doutorado em Direito do Estado). Universidade de São Paulo (USP). São Paulo, 2012.

LOCKE, John. **Segundo Tratado sobre o Governo**. Tradução de Alex Marins. São Paulo: Martin Claret, 2002.

MADISON, James; HAMILTON, Alexander; JAY, John. **Os artigos federalistas – 1787-1788**. Apresentação Isaac Karmnick. Tradução de Maria Luiza X. de A. Borges. Rio de Janeiro: Nova Fronteira, 1993.

MARQUES, José Frederico. **A reforma do Poder Judiciário**. São Paulo: Saraiva, 1979.

MAXIMILIANO, Carlos. **Hermenêutica e aplicação do Direito.** 20ª ed., Rio de Janeiro: Forense, 2011.

MAZZUOLI, Valério de Oliveira. Soberania e a proteção internacional dos direitos humanos: dois fundamentos irreconciliáveis. *In:* **Revista de Informação Legislativa**, Brasília. A 39, n.156, out./dez., 2002.

MELLO FILHO, José Celso de. **Notas sobre o Supremo Tribunal (Império e República).** 4. ed. Brasília: Supremo Tribunal Federal, 2014.

MENEZES, Daniel Francisco Nagao. **Economia e Mutação Constitucional.** 2008. Dissertação (Mestrado em Direito Político e Econômico). Universidade Presbiteriana Mackenzie. São Paulo, 2008.

MIRANDA, Jorge. **Manual de Direito Constitucional**. 3. ed., Coimbra: Editora, 1991, T.2, p.133.

MORAIS, Carlos Blanco. As mutações constitucionais implícitas. *In*: **JURISMAT.** Portimão. n. 3, 2013. p. 55-90.

PADUA, Antonio Carlos Torres de Siqueira de Maia. **A Mutação Constitucional e a Coisa julgada no controle abstrato de Constitucionalidade: análise de um fragmento da jurisprudência do Supremo Tribunal Federal**. 2006. Dissertação (Mestrado em Direito e Estado) UNB. Brasília. 2006.

PETTER, Josué Lafayete. **Princípios constitucionais da ordem econômica**. 2ª edição. São Paulo: Revista dos Tribunais, 2008.

RAMOS, André de Carvalho. Pluralidade das ordens jurídicas: uma nova perspectiva na relação entre o Direito Internacional e o Direito Constitucional. *In:* **Revista da Faculdade de Direito da Universidade de São Paulo**, v. 106-107, 2012, p. 497-524.

RAMOS, Elival da Silva. **Ativismo Judicial: parâmetros dogmáticos.** 2ª edição, São Paulo: Saraiva Jur, 2018.

ROCHA, Fernando Luiz Ximenes. O Supremo Tribunal Federal como Corte Constitucional. *In*: **Themis**, Fortaleza. v. 1. n. 1, 1997. p. 93-102.

SIEYÈS, Emmanuel Joseph. **A Constituinte Burguesa: O que é o Terceiro Estado?** Tradução Norma Azeredo. 3ª edição. Rio de Janeiro: Lumen Iuris, 1997.

SILVA, José Afonso da. **Aplicabilidade das normas constitucionais**. 2ª ed., São Paulo, Revista dos Tribunais, 1982.

SILVA, José Afonso da. **Comentário Contextual à Constituição**. 8ª ed., São Paulo: Malheiros, 2012.

SILVA, José Afonso da. **Poder Constituinte e Poder popular.** São Paulo: Malheiros, 2007.

SMEND, Rudolf. **Costituzione e Diritto Costituzionale**. Milão: Giuffrè Editora. 1988.

SODRÉ, Habacuque Wellington. As Deficiências da Atuação Legislativa Como Fator de Ativismo: Hipertrofia e Omissão Legislativa. Uma Análise da Sociologia Jurídica sobre o Caso Brasileiro de Ativismo Judicial. *In*: **DPU** Nº 43 – Jan.-Fev./2012 – SEÇÃO ESPECIAL – TEORIAS E ESTUDOS CIENTÍFICOS. p. 185.

TOCQUEVILLE, Alexis de. **Democracia na América**. Tradução Eduardo Brandão. 2. ed. São Paulo: Martins Fontes, 2005.

UNIVERSIDADE FEDERAL DE MINAS GERAIS (UFMG). **Textos e documentos da disciplina História Contemporânea. Departamento de História.** Disponível em: http://www.fafich.ufmg.br/~luarnaut/const91.pdf. Acesso em: 10-12-2019, às 16h30.

URRUTIA, Ana Victoria Sánchez. Mutación constitucional y fuerza normativa de laConstituición: una aproximación al origem del concepto. *In*: **Revista Española de Derecho Constitucional**, ano 20, n. 58, Enero-abril, 2000.

VANDER EYCKEN, Paul. **Méthode positive de l''interprétationjuridique**. Bruxelles, 1907

WEIS, Carlos. **Direitos Humanos Contemporâneos.** 2ª ed., São Paulo: Malheiros, 2012.

ZAGREBELSKY, Gustavo. **El derecho dúctil: ley, derechos, justicia**. 11ª edição. Madrid: Editorial Trotta, 2011.

ZANDONADE, Adriana. Mutação Constitucional. *In*: **Revista de Direito Constitucional e Internacional**. São Paulo. n. 35. abr.-jun. 2001. p. 195-227.

Legislação

BRASIL. **Constituição (1988)**. Constituição da República Federativa do Brasil de 1988. Brasília, DF: Presidência da República, [2019]. Disponível em: http://www.planalto.gov.br/ccivil_03/constituicao/constituicao.htm. Acesso em: 18-11-2019, às 16h15.

BRASIL. **Decreto-lei n. 4.657, de 4 de setembro de 1942**. Lei de Introdução às normas do Direito Brasileiro. Disponível em http://www.planalto.gov.br/ccivil_03/decreto-lei/Del4657compilado.htm. Acesso em: 8-11-2019, às 10h27.

BRASIL. Senado Federal (SF). **Resoluções do Senado Federal**. Disponível em https://www.senado.leg.br/publicacoes/anais/asp/RE_Resolucoes.asp. Acesso em: 19-11-2019, às 17h40.

Julgados

SUPREMO TRIBUNAL FEDERAL (STF). **ADI 815**. Relatoria do Min. Moreira Alves. Tribunal Pleno. *DJ* 28-3-1996, *DJ* 10-05-1996. p. 15131.

SUPREMO TRIBUNAL FEDERAL (STF). **MS 24.875.** Relatoria do Min. Sepúlveda Pertence. *DJ* 6-10-2006.

SUPREMO TRIBUNAL FEDERAL (STF). **RE 466.343**. Relatoria do Min. Cezar Peluso, voto do min. Gilmar Mendes, j. 3-12-2008, P, *DJE* de 5-6-2009, Tema 60.

SUPREMO TRIBUNAL FEDERAL (STF). **Mandado de Segurança n. 26.602-3/DF**. Relatoria do Ministro Eros Grau. *DJ* 4-10-2007.

SUPREMO TRIBUNAL FEDERAL (STF). **Mandado de Segurança n. 26.604-0/DF**. Relatoria da Min. Carmem Lucia. *DJ* 4-10-2007.

SUPREMO TRIBUNAL FEDERAL (STF). **ADPF n. 132/RJ**. Relatoria do Min. Ayres Britto. *DJ* 5-5-2011.

SUPREMO TRIBUNAL FEDERAL (STF). **ADI n. 3.470/RJ**. Relatoria da Min. Rosa Weber. *DJ* 29-11-2017.

SUPREMO TRIBUNAL FEDERAL (STF). **MI n. 4.733/DF**. Relatoria do Min. Edson Fachin. *DJ* 13-6-2019.

SUPREMO TRIBUNAL FEDERAL (STF). **ADO n. 26**. Relatoria da Min. Celso de Mello. *DJ* 13-6-2019.

TRIBUNAL SUPERIOR ELEITORAL (TSE). **Resolução nº 22.610, de 25 de outubro de 2007** – Brasília/DF. Disponível em: http://www.tse.jus.br/legislacao/codigo-eleitoral/normas-editadas-pelo-tse/resolucao-nb0-22.610-de-25-de-outubro-de-2007-brasilia-2013-df. Acesso em: 11-11-2019, às 14h00.

Notícias

CANÁRIO, Pedro. **Supremo criou forma de controle de constitucionalidade no caso do amianto**. Consultor Jurídico (CONJUR). São Paulo/SP, 1 de dezembro de 2017. Disponível em: https://www.conjur.com.br/2017-dez-01/amianto-stf-criou-forma-controle-constitucionalidade. Acesso em: 6-3-2020, às 16h36.

FERNANDES, Bernardo Gonçalves; GODOY, Miguel Gualano de. **Como o Supremo expandiu seus poderes no caso do amianto?** JOTA. 21 de novembro de 2019. Disponível em: https://www.jota.info/stf/supra/como-o-supremo-expandiu-seus-poderes-no-caso-do-amianto-21112019. Acesso em: 6-3-2020, às 16h41.

SUPREMO TRIBUNAL FEDERAL. **Julgamentos relevantes marcam o ano de 2007 no Supremo**. Brasília/DF, 21 de dezembro de 2007. Disponível em: http://www.stf.jus.br/portal/cms/verNoticiaDetalhe.asp?idConteudo=80409. Acesso em: 6-3-2020, às 16h05.

SUPREMO TRIBUNAL FEDERAL. **Supremo reconhece união homoafetiva**. Brasília/DF, 05 de maio de 2011. Disponível em: http://www.stf.jus.br/portal/cms/verNoticiaDetalhe.asp?idConteudo=178931. Acesso em: 6-3-2020, às 16h11.

SUPREMO TRIBUNAL FEDERAL. **STF enquadra homofobia e transfobia como crimes de racismo ao reconhecer omissão legislativa**. Brasília/DF, 13 de junho de 2019. Disponível em: http://www.stf.jus.br/portal/cms/verNoticiaDetalhe.asp?idConteudo=414010. Acesso em: 6-3-2020, às 16h13.